从 1 万到 100 万

K 线操盘

全招 下

我今天可以忍受谷底，明天我仍然回到顶峰一览众山小！
我就是这样的人。

——大战神

大战神 著

深圳出版发行集团
海天出版社

图书在版编目（CIP）数据

从1万到100万K线操盘全招. 下 / 大战神著. —深圳：海天出版社，2012.6

ISBN 978-7-5507-0268-4

Ⅰ.①从… Ⅱ.①大… Ⅲ.①股票投资—基本知识 Ⅳ.①F830.91

中国版本图书馆CIP数据核字(2011)第192050号

从1万到100万K线操盘全招（下）

CONG 1WAN DAO 100WAN KXIAN CAOPAN QUANZHAO (XIA)

出 品 人	尹昌龙
出版策划	毛世屏
责任编辑	张绪华
责任技编	梁立新
封面设计	蒙丹广告

出版发行	海天出版社
地　　址	深圳市彩田南路海天大厦　（518033）
网　　址	www.htph.com.cn
订购电话	0755-83460293(批发)　83460397(邮购)
设计制作	蒙丹广告0755-82027867
印　　刷	深圳华信图文印务有限公司
开　　本	787mm×1092mm　1/16
印　　张	14.5
字　　数	230千
版　　次	2012年6月第1版
印　　次	2012年6月第1次
定　　价	68.00元

序言(下)
PREFACE

　　下部亦加入一些我的个人诗词，是对操盘综合素质的一种呈现。同时，继续安排了散户与庄家对话部分，使读者更加生动地理解书中的道理，学以致用！

　　通过上部的了解，我们大家已磨好了刀，该开始砍柴了，这个一定不能忘记，否则"刀枪入库，马放南山"就是前功尽弃！

　　下部，展示给你的是什么水中有什么种类的鱼，我们该如何来捕鱼！

　　既然来到股市，你是想学里费墨自杀，还是想永远地做一个猜测明天涨跌的算命大仙？我肯定大家都不是那么想的吧？！

　　那就要有一套正确的投资理念，有一个可以为之奋斗的正确方向，然后再苦累，也要执着走下去！为此，我们要学习、交流，为投资事业去勤学和苦练！不可舍不得投入，那是小妇人之见，我一直强调的是一个事儿——要想投资成功，必须"自我操盘，控制自己"！

　　成功在我！股票以及证券类一切产品都是人为操纵，起落的决定力量在于人，而人的弱点又是极多的，若要在这人性博弈中取胜，只有先战胜自己，面对任何图形可以做到"不怕""不急""不贪""不悔"就是一种进步。

　　其次，我强调的是方法，也就是几部作品中均有提及的"波段+空仓"！

　　为何这一方法适合中国A股呢？因为中国股市只有20多年还很年轻，市场波动大，参与的股民1.4亿人，乃世界最多人参与的市场，其风向很难测定，只有"波段参与主升浪，空仓回避下跌期"才能成功！古代游牧民族突厥人有一个核心思想是"游则生，固则死！"这很适合股市生存！

图 A　牢记这 1 万是怎样成为 100 万的

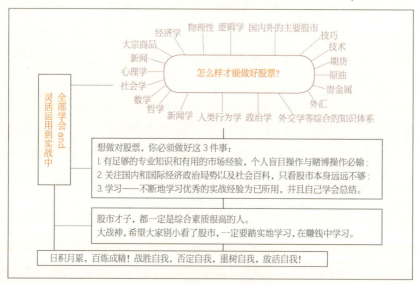

图 B　怎样才能做好股票

　　大战神，乃股市战场之大战神，我对这个市场的熟识非众人的水准。而我将 20 年中国股市之深入研究所得分门别类赠阅众人，这是一种莫大的舍得。很希望有幸翻开我的书的每一个读者都可以吃透我简言概括的股市真经，熟记市场中各种 K 线形态与意义，在市场底部和顶部建仓、洗盘、拉高、出货的各个战场上都能胜战！

　　温故而知新！我们务必在历史走势中找出规律，常胜未来战争！股战场，有你——未来战神！

大战神 2011 年 11 月 18 日

上部精彩回放

建仓——潜伏在峡谷抑或深之潭

主力，也叫庄家，是我们这些普通投资者在市场里直接面对的敌人。他们是股票投资或者其他金融投资的参与者，他们不同我们的地方是他们更加有实力、更加专业、更加明白金融市场，所以他们大部分时候是对的。当然，大势不好，突发事件也会导致庄家出现错误，那种概率是小概率事件。

洗盘——震荡到天翻然后地也覆

经历了漫长的建仓期，主力进入清洗跟风筹码的工作，俗称洗盘。洗盘就是吓唬掉在低点买进的人，将他们赶出去，这个洗盘的主体就是建仓的庄家，洗盘的对象是普通投资者，或者其他机构。

本章，我将一般市场庄家主要的洗盘手法介绍一下，以便读者学习炒股的时候多一个参考。虽然我们无法回避洗盘，但是可以在洗盘的低点买进廉价的筹码，也可以做到不被主力吓唬掉，不被主力洗掉。这是非常有必要专业学习的 K 线技术。

拉高——飙升时迅雷不及掩住耳

股票拉升的方法非常多，有的是"迅雷不及掩耳"的方式快速拉升，有的是边拉边洗盘的震荡方式拉升，有的是慢牛拉车后劲十足的方式拉升，有的是阴谋诡计反复折磨方式拉升，等等。具体的表现形式本章将展开讲解。大战神力求给读者一个综合而系统的学习股票拉升的机会。最后使每个读者能快速健康地成长为短线感觉很敏锐的投资者。

出货（上）——换岗中润物总能细无声

股票经过"建仓""洗盘""拉高"之后，发展到"出货"阶段。此阶段是真正实现浮动利润兑现的关键过程，这一步如果出现意外那么整个坐庄过程就会以失败告终。所以在市场的实战中，他们会绞尽脑汁，使用一切可以使用的办法诱惑散户在股票价格高位主动地去接盘，主力这时候的任务就是"骗"散户买股票。

大战神绝密报告（节选）

一味地盲目战斗，不是科学地投资，会累死你。最后也是亏损。

想做到年年赚钱，必须做到我大战神说的"波段进场＋波段空仓"。

目录 CONTENTS

下部：操盘 K 线细分解

第一章　出货（下）——换岗中润物总能细无声　1

阳线诱多出货 2　　　　　　　抵抗性下跌 4

大利空出货 8　　　　　　　　新股首发上市后持续出货 10

反复破位出货 26　　　　　　　利用除权出货 30

第二章　底部 K 线的一般特征　41

双底 K 线 42　　　　　　　　　平底 K 线 46

大 V 形底部 K 线 50　　　　　单针探底 K 线 52

破位诱空底 K 线 56　　　　　　缩量底 K 线 60

阳线筑底 K 线 64　　　　　　　持续大阴筑底 K 线 66

台阶底 K 线 70　　　　　　　　小 K 线底 72

第三章　顶部 K 线的一般特征　77

久攻不下顶部 K 线 78　　　　　巨量上影线拉高见顶 K 线 80

逐梯回落顶部 K 线 82　　　　　涨停板封顶 K 线 86

射击之星见顶 K 线 90　　　　　缓和圆弧顶 K 线 92

多重顶 K 线 94　　　　　　　　成交天量见顶 K 线 96

头肩顶 K 线 98　　　　　　　　断头铡刀大顶 K 线 100

高开低走绝望顶 K 线 102　　　　震荡筑顶 K 线 106

十字星压力顶 K 线 108　　　　倒锤型砸顶 K 线 112

阴云密布见顶 K 线 116　　　　强弩之末触顶 K 线 120

久盘成顶 K 线 122　　　　　　出货后回光返照顶 K 线 124

强打精神顶 K 线 120　　　　　温水煮青蛙顶 K 线 130

第四章　特殊 K 线的一般特征 135

超强震荡上升 K 线 136　　　　除权后 180 度大转弯 K 线 138

火箭基地弱势筑底 K 线 144　　蓄势盘局 K 线 148

涨停板一线天 K 线 152　　　　难以揣测的顶部出货 K 线 156

涨停板或跌停板交替疯狂的 K 线 160　　疯狂炒作的 ST 股飙升 K 线 164

挖坑做波段 K 线 170　　　　　持续上涨逼空 K 线趋势 172

疯狂洗盘与加油 K 线 176

第五章　波段＋空仓——最高的 K 线境界 179

波长逐步缩短 K 线 180　　　　拉升波与反弹波 K 线 184

大箱体多个波段 K 线 186　　　逐步走高波段 K 线 188

变化多端的大波段 K 线 190　　不规则波段 K 线 192

单一走向波段 K 线 196　　　　牛市或熊市中波段反向运行 K 线 200

第六章　大战神 K 线实战经典案例 205

600792 云煤能源，收益翻倍全记录 206

大战神战法精粹 216

尾声

学到功夫也不要去挑战庄家的忍耐极限 222

下部
操盘 K 线细分解

第一章

出货（下）——
换岗中润物总能细无声

大树参天蔽神潭，
潭深群鱼乐苍天。
寺院幽静浑不见，
弥勒笑世无圣贤！
——大战神
2010 年 8 月 18 日于丽江

阳线
诱多出货

主力把股价拉升到理想高度之后，通过偶尔制造大阳 K 线来吸引投资者眼球，使得投资者买入，然后主力完成出货，这样的出货方式大战神归纳为阳线诱多出货。主力还是利用了散户投资者喜欢阳线追高买进的错误思维模式，这真是百用百灵的诱骗散户追高买进的方法。

过去的行情走势，只能说明过去，不能保证将来。

——股市格言

案例　隆基机械 002363

　　该股的主力在出货的过程中，使用了两次大阳线诱多，伴随的成交量放大就说明了主力在大幅度出货。而散户在大幅度追高买进，这样主力就顺利完成了筹码交换，也就是把获利丰厚的筹码变卖给了踊跃参与追高买进的散户投资者。之后马上出现的持续的缩量下跌就是主力出货的最后铁证，这是大阳线诱多的成功出货案例。见图1-1：

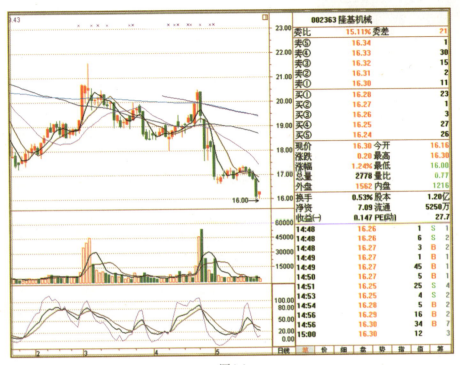

图 1-1

　　主力出货在成交量方面其实也是可以看出端倪的，大阳线的时候成交量非常巨大，之后成交量很快下降，这时候就可以断定该股是拉高诱多出货，如果不是出货而是拉升的话，成交量是继续放大的，这就是区别出货和拉升的一个标志。当然，成交量过分放大也是出货的表现，这个要与 K 线的情况结合起来判断。

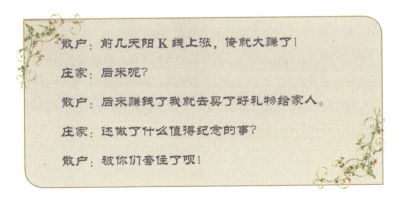

散户：前几天阳 K 线上涨，俺就大赚了！

庄家：后来呢？

散户：后来赚钱了我就去买了好礼物给家人。

庄家：还做了什么值得纪念的事？

散户：被你们套住了呗！

抵抗性
下跌

当股票价格开始下跌之后，并不是所有的股都会持续下跌的，很多个股会在下跌趋势中反复出现阳K线。我们研判阳K线的性质很容易发现这是抵抗性的阳K线，原因之一就是这个阳K线缺乏成交量放大的支持，而且后续的K线趋势图也告诉我们这个单根或者两根阳K线并未持续发生，而是被随后更大幅度的下跌替代，由此可以判断该股下跌趋势中的小阳K线就是下跌抵抗。这时候应该选择卖出，而不要去考虑再次买入或者继续持仓，一定要顺应趋势，股市有自己的趋势，这都是有规律的，不会以你的意志为转移，也不会管你怎么样不喜欢下跌，下跌都会在应该发生的时间继续下跌。

股票的奇妙之处就在于它的变化性。

——股市格言

案例1　齐峰股份 002521

这个股见顶 46.78 元之后就开始一路下跌，但是它的下跌过程并不顺利，一直有反跌的小阳K线出现，只是这个抵抗是螳臂当车，毫无意义的，股票下跌的趋势在继续。该股下跌一段时间之后，出现了 5% 涨幅的大阳K线，但是这也是下跌抵抗，因为当日该股的成交量并不大，而且之后成交量和K线都是下跌的，所以这样的抵抗都是无效的，灾难要发生就让它发生好了，大不了推倒重来！因为我们的抵抗是无效的，不可能改变市场下跌的趋势，只会徒添烦恼。见图1-2：

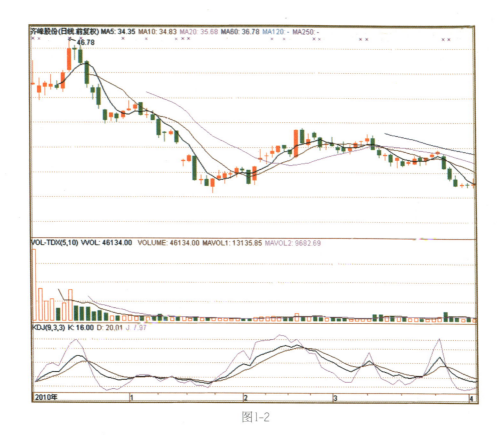

图1-2

操作类似的出货个股，最怕的是投资者错误地认为抵抗性的阳 K 线就是反弹的信号，然后买入，这都是错误的。真正的反弹 K 线是具有持续性的，不是一两天的假阳线。我们操作的时候，应该选择在抵抗性阳线的时候卖出筹码。

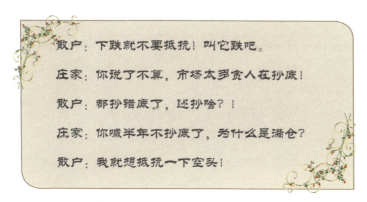

散户：下跌就不要抵抗！叫它跌吧。

庄家：你说了不算，市场太多贪人在抄底！

散户：都抄错底了，还抄啥？！

庄家：你喊半年不抄底了，为什么是满仓？

散户：我就想抵抗一下空头！

案例2　泰达股份 000652

　　该股作为天津的老庄股操作手法非常的成熟。该股最成功的是下跌趋势中可以准确地利用很多抵抗性阳K线来完成出货。见图1-3：

图1-3

　　趋势坏了，不要抵抗，顺势做空才是，真是叫人心惊肉跳，跌个没完，却总有人往枪口上送死去！

我们再仔细看看该股下跌趋势中的具体统计情况，该股下跌期间阳K线数几乎等于阴K线数。见图1-4：

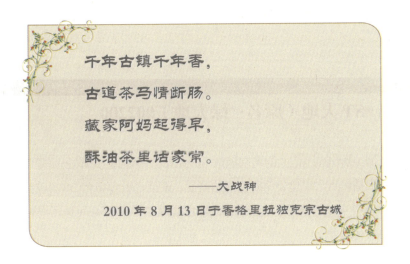

个股区间统计结果：

起始日 ◄20100422► 结束日 ◄20100706► 共 44 个交易单位

最高	1081	最低	669	总量	902.1万	总额	80.1亿
天量	92.4万	地量	64938	上涨	21天	下跌	23天
幅度	30.62%	振幅	61.58%	阳线	21根	阴线	23根
均价	888	换手	61.82%	阳量	443.8万	阴量	458.3万

图1-4

很多时候，我们需要看透表面，发现股票之本质，在每一个时期，股票的主要运行方向只有一个，我们有足够的时间发现这一方向，之后便是尊重方向，按其去做，不可违反，学会了顺从经济规律，大家都可以成功多一些。

千年古镇千年香，

古道茶马情断肠。

藏家阿妈起得早，

酥油茶里话家常。

——大战神

2010年8月13日于香格里拉独克宗古城

大利空
出货

股票投资有风险，入市一定要谨慎——这样的大字在全国诸多证券营业部都可以看得见。这是在提醒我们自从你进入股市就必须注意股市是有风险的。风险来自众多方面，比如战争、地震、海啸，公司管理层出现大问题，公司本身生产经营出现重大失误，公司财务状况突然剧变恶化等等天灾人祸，都可以影响到公司股价的波动，导致上市公司的股价暴跌，投资者面临的风险就是破产式的风险。主力庄家在突然巨大利空传来的时候很可能会采取大利空出货的方式出货，这样的出货方式是非常凶狠的、暴跌，连续跌停板，不停地下跌，都可能会发生。投资者如不尽早止损后果会非常的严重。

消息是股价波动的催化剂。

——股市格言

案例 *ST 大地（原名：绿大地）002200

该公司突然出现了巨大的利空消息——上市公司虚假上市，公司董事长和财务高层被拘捕候审。于是公司股价开始崩盘，截至 2011 年 5 月 25 日收盘，该公司股价已经由 44.86 元跌到 11.53 元，跌幅已经高达 74.29%，而且还没有止跌的迹象。见图 1-5：

图1-5

持有该股的长线投资者损失是破产式的，估计这辈子都难以挽回如此巨大的损失。这就是大利空出货，是投资者踩到了地雷，没办法的。

我们再看该公司大利空出货在周K线的表现，见图1-6：

图1-6

这样的股你一旦遇到，就应该打破一切技术手段，短线快速地彻底抛弃，不要抱有任何幻想了，短期股价必然会大幅度下跌。如果非常喜欢该股也要等跌明白了再来抄底，千万不要与大利空死扛。否则主力出货了，你只是配合了主力出货，是愚蠢的坚持！

新股首发上市后
持续出货

股票出货一定是有赚才卖的吗？这在大部分情况下是对的，尤其是弱市里上市的新股，看着是跌破发行价了，但是主力仍然在拼命出货，很多人怀疑破发的股票出货那不都亏吗？这是不对的。亏的是普通投资者，亏的是中签的"幸运儿"，而上市公司不亏，上市公司的大小原始股东不亏。这就是为什么很多新股上市之后持续出货。

谈到新股，大战神给大家引申学习一下 IPO 以及相关的知识，便于我们把握后面对新股和次新股的 K 线技术分析。

不同种类的股票，没有好坏之分；同一种类的股票才有优劣之别。

——股市格言

IPO 全称 Initial public offerings(首次公开募股)，是指某公司（股份有限公司或有限责任公司）首次向社会公众公开招股的发行方式。有限责任公司 IPO 后会成为股份有限公司。

首次公开招股是指一家企业第一次将它的股份向公众出售。通常，上市公司的股份是根据向相应证券会出具的招股书或登记声明中约定的条款通过经纪商或做市商进行销售。一般来说，一旦首次公开上市完成后，这家公司就可以申请到证券交易所或报价系统挂牌交易。

对应于一级市场，大部分公开发行股票由投资银行集团承销而进入市场，银行按照一定的折扣价从发行方购买到自己的账户，然后以约定的价格出售，公开发行的准备费用较高，私募可以在某种程度上部分规避此类费用。

这种现象出现在 20 世纪 90 年代末的美国，当时美国正经历科技网络股泡沫。创办人会以独立资本成立公司，并希望在牛市期间通过首次公开募股集资 (IPO)。由于投资者认为这些公司有机会成为微软第二，在它们上市的初期股价通常都会上扬。

不少创办人都在一夜之间成了百万富翁。而受惠于认股权，雇员也赚取了可观的收入。在美国，大部分透过首次公开募股集资的股票都会在纳斯达克市场内交易。很多亚洲国家的公司都会通过类似的方法来筹措资金，以发展公司业务。

IPO 的程序简介：

首先，要公开募股的公司必须向监管部门提交一份招股说明书，只有招股说明书通过了审核，该公司才能继续被允许公开募股（在中国，审核的工作是由中国证券监督管理委员会负责）。接着，该公司需要四处路演（Road Show）以向公众宣传自己。经过这一步骤，一些公司或金融机构投资者会对 IPO 的公司产生兴趣。他们作为风险资本投资者（Venture Capitalist）来投资 IPO 的公司（风险资本投资者并非想入股 IPO 的公司，他们只是想在上市之后再抛出股票来赚取差价）。其中一个金融机构也许会被聘请为 IPO 公司的承销商（Underwriter），由承销商负责 IPO 新发行股票的所有上市过程中的工作，以及负责将所有的股票发售到市场。如果部分股票未能全部发售出，则承销商可能要买下所有未发售出的股票或对此不负责任（具体情况应该在 IPO 公司与承销商之间的合同中注明）。IPO 新股定价属于承销商的工作，承销商通过估值模型来进行合理的估值，并有责任尽力保障新股发行后股价的稳定性及不发生较大的波动。IPO 新股定价过程分为两部分，首先是通过合理的估值模型估计上市公司的理论价值，其次是通过选择合适的发行方式来体现市场的供求，并最终确定价格。

学习了上述 IPO 新股的知识，我们便很清楚 IPO 是可以创造无数上市公司大股东财富神话，同时也可以带来莫大的市场泡沫以及由此引发的股票价格暴跌的风险。新股首发上市后持续出货的案例我们看了一些，希望以后的操作过程多些谨慎，回避新股次新股的暴跌风险。

案例1 艾迪西002468

该股自2010年9月8日上市后便一路下跌。该股主力在上市首日大幅度拉高股价，大主力利用首发上市后的大好局面紧急出货。我们看一下当时开盘上市第一天该股的分时走势。见图1-7：

图1-7

散户：哎呀，杀妈呀！新股涨得老狠啦！

庄家：嗯，上市首日不设涨幅！追吧！

散户：杀！老子卖血才回来，都追买了，等发财。

庄家：祝你发大财！哈哈哈哈！

当日该股换手率 91.72%，次日继续高换手 77.35%，次日盘中继续拉高出货，见图 1-8：

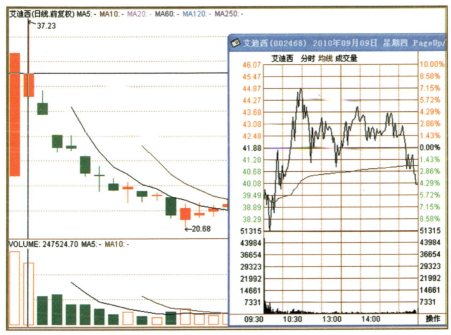

图 1-8

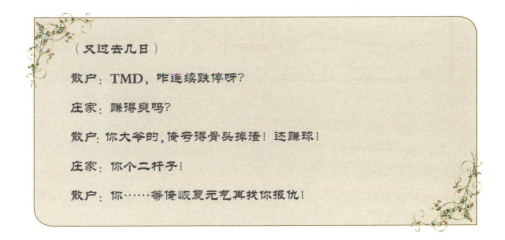

（又过去几日）

散户：TMD，咋连续跌停呀？

庄家：赚得爽吗？

散户：你大爷的，俺亏得骨头掉渣！还赚球！

庄家：你个二杆子！

散户：你……等俺恢复元气再找你报仇！

该股上市后主力拉高出货，筹码大部分交给了散户，主力成功在高位完成出货，之后股价一路下跌，我们再看一下该股的周 K 线。见图 1-9：

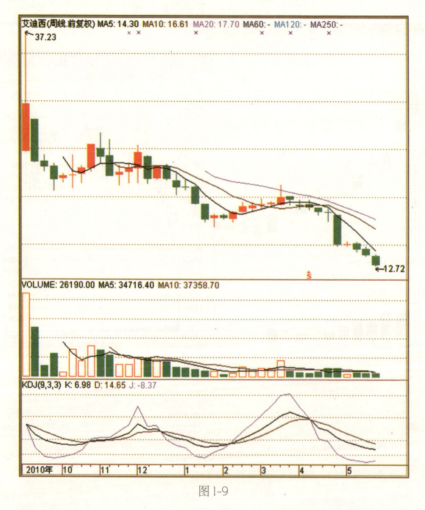

图 1-9

这样的惨痛下跌，很重要的原因之一是上市公司高管和大股东成功在上市之初出货，任何追高买进的普通投资者都会亏损，如果不知道止损会亏损得更加严重。对于这样的新股和次新股，我在我的《从 1 万到 100 万的短线操盘绝招》一书中特别强调了"大战神操盘 38 条纪律"，其中第二条就是"原则上不做新股次新股"，不要贪暴利，不要跟风做新股，这样才能回避新股的伤害，尤其是弱势的时候尽量不要碰暗藏着巨大利益关联的新股和次新股。

案例2　海普瑞002399

该股的上市背景题材如下：

> 公司是全球产销规模最大、装备最先进、质量最为安全可靠的肝素钠原料药生产企业，也是我国唯一同时取得美国FDA认证和欧盟CEP认证的肝素钠原料药生产企业。公司主要从事肝素钠原料药的研究、生产和销售，且通过了欧盟CEP认证。产品99%以上直接或间接出口，在我国肝素产业出口金额排名第一位。公司生产所采用的核心技术：肝素钠原料药提取和纯化技术，包括杂质与组分分离技术、病毒和细菌灭活技术、基团完整性保护和活性释放、定向组分分离等具有国际领先水平。

这个至今为止都是中国A股市场最高发行价的纪录保持者，当时148元每股的发行价实在是吓人啊！看下表：

【发行与上市概况】

发行日期	2010-04-26	上市日期	2010-05-06
发行方式	上网定价发行　网下询价发行		
发行总额（万）	4010	发行价格	148
发行费用（万）	21800	发行总值（万）	593480
面值	1	募集资金（万）	571680
上市首日开盘价	166	上市首日收盘价	175.17
发行后每股收益	———	发行后每股净资产	16.95
网上定价中签率（%）	1.2475	网下配售中签率（%）	1.0983
每股摊薄市盈率	73.27	每股加权市盈率（%）	———
上市公布日	———	中签率公布日	———
上市首日换手率（%）	70.02		
主承销商	中国建设投资证券有限责任公司		
上市推荐	中国建银投资证券有限责任公司		

如此高的发行价居然能够高开高走，吸引很多跟风资金追高，创造出了 188.88
元的历史天价！真是奇迹。我们看一下该股上市后情况。见图 1-10：

图 1-10

庄家：海普瑞是中国最有成长力的好公司，其公司实力是同仁堂、
　　　九芝堂、中国医药的总和！快买！

散户：嗯，现在 188 元了，我买了，后面能涨到多高？

庄家：咋说都得 888 元呀！中国 14 亿人都要吃药！

　　　过去半年，散户又见庄家！

散户：你 M 赔钱！听你吹的我 188 元买的，现在 30 元！亏死了！

庄家：Sorry！出货时忘记告诉你了。

　　海普瑞这家公司在上市之初主力利用高溢价、高发行价、高首发价拉高出货，通过制造题材吸引跟风盘追高介入，之后一路下跌。我们再看一下该股的周K线情况，见图1-11：

图1-11

　　从周K线来看，新股首发上市后主力成功利用了外界的疯狂追高而出货，这是非常成功的出货。随后该股长期处于下跌周期，参与得早的投资者损失将难以挽回。这样的股还是少参与为上策！

案例 3　碧水源 300070

我们看一下该股上市后的日 K 线。见图 1-12：

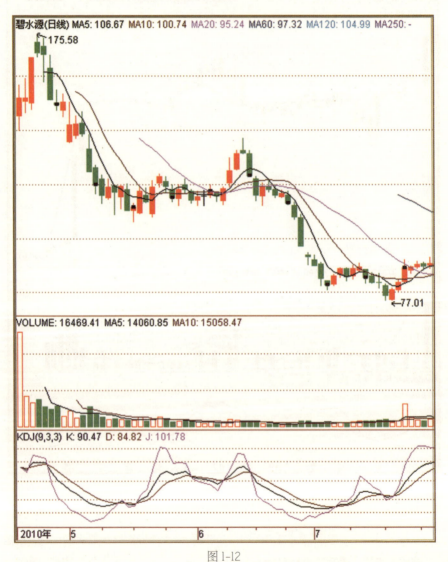

图 1-12

该股上市后再次拉高 3 个交易日就开始加速破产式地下跌。在随后长期的周 K 线下跌幅度更加巨大。我们看图 1-13：

图 1-13

对于这样弱势里的新股，我们更加应该谨慎小心，不碰为好。尤其是 2005 年，2010 年，2011 年，众多新股高开上市，之后一路走低，大部分贪心的人都套牢在山冈上！如果投资者仔细看过我的书《从 1 万到 100 万》中"操盘 38 条纪律"第 2 条的话，就不会亏！那是这样写的："弱市不参与新股、次新股"！

案例4 安居宝300155

该股IPO之后于2011年1月7日挂牌上市，当日便破发，上市首日换手率非常低，仅为32.54%，随后股价就一路下跌。见图1-14：

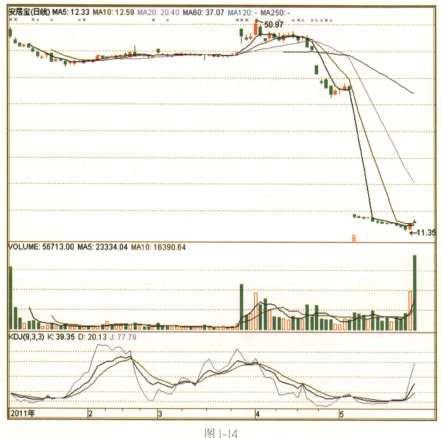

图1-14

该股首日破发之后还能够一路出货，这看起来不好理解，但是本章开篇我便分析过这些大股东是原始股东，虽然跌破发行价但他们仍然是暴利的，所以不卖是不可能。除了那些限售部分卖不了，其他各种关系的持股一定会选择卖出，兑现利润。这样的股，下跌趋势明显，不要盲目参与，虽然会反弹也不要盲目地去抢。

案例5　汉王科技 002362

　　同样的新股，不同的是该股上市之初疯狂拉高，而且公司九位高管集体卖在历史最高位，之后公司便公布业绩亏损和一系列利空消息，然后股价破位下跌，这才是最应该警醒我们日后操作的关键。见图1-15：

图1-15

教训，惨痛的新股套人教训！内部交易的一大离奇案例，CCTV 重点评论过的怪股。我们不明白的是为什么公司高管集体高价出货之后才公布公司产品销量下降，业绩亏损的原因，那些监管机构是做什么的呢？失职，谁又监督过？中央媒体都已经公开报道此事，却还是无人查处这些高位套利 9000 万的新股上市后出货事件。我们对此类股不参与。这已经超过了技术层面，就是对恶搞的新股用脚投票，这是对资金的自我保护。

案例6　坚瑞消防 300116

该股股价的下跌，同样是采取了上市后持续出货。见图 1-16：

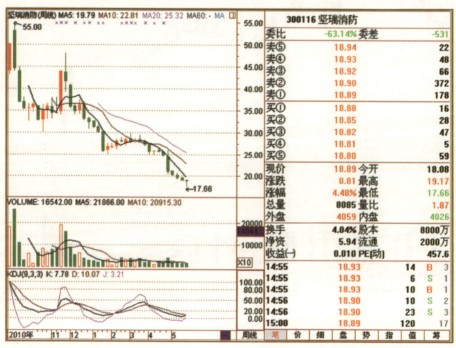

图 1-16

案例 7　国民技术 300077

我们再多学一个新股出货的案例，给自己反复提醒在弱市中不要参与新股和次新股的炒作。不要被新股的包装上市和虚假宣传欺骗，我们应该选的是价值低估的优质个股，而不是高溢价发行的新股。见图 1-17：

图 1-17

该股股价从 183.77 元一直跌到 27 元，而且仍然没有停止下跌的趋势。这就是新股高溢价发行带来的惨痛教训。

下面我们看一个关于 A 股市场 IPO 暂停的历史表格：

暂停的时间	其后市场的反应
1994 年 7 月 21 日~1994 年 12 月 7 日，	暂停约 5 个月后，大盘延续下跌趋势
1995 年 1 月 19 日~1995 年 6 月 9 日，	暂停约 5 个月后，大盘延续回落趋势
1995 年 7 月 5 日~1996 年 1 月 3 日，	暂停约 6 个月后，大盘反转而上涨
2004 年 8 月 26 日~2005 年 1 月 23 日，	暂停约 5 个月后，大盘延续下跌趋势
2005 年 5 月 25 日~2006 年 6 月 2 日，	暂停约 1 年后，大盘延续上涨趋势
2008 年 9 月 16 日~2009 年 7 月 15 日	IPO 的审核暂停了近 10 个月，股市反弹。

其后 2009 年 7 月底再次放开 IPO，继续放开 IPO 后市场震荡下跌到现在，而且目前处于加速下跌中，我们看一下目前的大盘。见图 1-18：

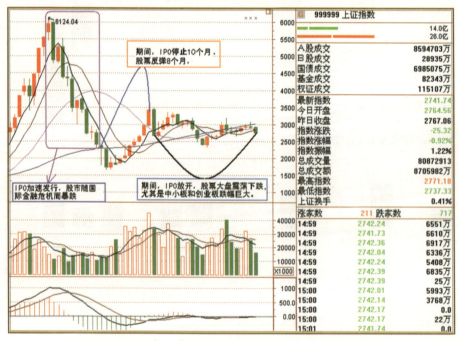

图 1-18

在本章节，大战神给大家举了很多例子，使得大家通过学习更加清楚地认识高速 IPO 发行新股会给市场带来巨大的泡沫，在疯狂地制造着上市公司 IPO 后高管的财富暴利神话，这些暴利最后都是要老百姓买单的。没错，我们的资本市场确实有重要的融资功能，然而凡事都有一个度，如果过度地发行不会带来好的表现，管理层应该控制新股发行速度，投资者学习了本章节之后也应该多些理智地分析或者参与新股在一级市场申购或再二级市场交易。

主力通过新股首发上市公开大幅度卖出暴利筹码，持续出货之后就是股价持续暴跌，这是巨大的风险，我们的血汗钱不多，输不起的，所以大战神苦口婆心地希望每个读者能够结合大盘时局客观地分析新股，如果定价合理并且处于健康的多头市场则可以少量参与新股，如果是处于高溢价发行又是大盘弱势环境，则应该果断地执行大战神的 38 条纪律之一的第二条——"原则上不参与新股的炒作"。回避破产式下跌风险，才能谈得上在股票市场里投资赚钱。

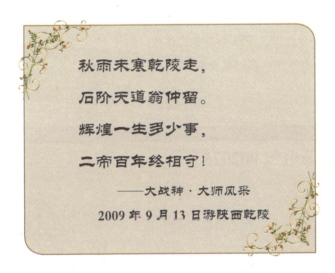

秋雨未寒乾陵走，
石阶天道翁仲留。
辉煌一生多少事，
二帝百年终相守！

——大战神·大师风采

2009 年 9 月 13 日游陕西乾陵

反复破位
出货

破位，破的是技术支撑位，这才叫破位。主力决定出货操作了，就如同一个男孩不喜欢某个女孩一样，会想办法抛弃之，远离之，虽然是无情的，却是主力的一种出货方式，大战神把这样的出货归纳为反复破位出货法。该出货方式，主力会反复破坏很多重要的技术形态，反复打破技术派投资者的持股信心。

股价的升降沉浮，是一个渐变的过程，今天10元收盘的股票，明天不会以5元开盘，也不会一夜间骤升到50元。

——股市格言

案例　思源电气002028

没有一个人可以扭转下跌的趋势，这是一个量变过程的积累。市场今日的风险完全来自昨日疯狂的上涨！股市下跌是一种现象，没有人喜欢却必然发生，否则市场将无法运行。尤其是破位下跌更是难以阻止的规律性趋势。比如本案002028思源电气。

我们先看该股的整个下跌过程，然后再展开分析该案例。见图1-19：

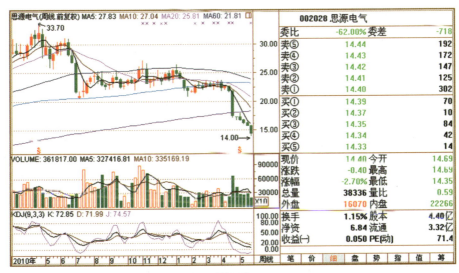

图1-19

　　图1-19是该股的周K线走势图。从周K线看，该股是破了大平台整理的位置，向下再次探求更低的底部支撑。下面我们再展开看该股的日K线破位分析。见图1-20：

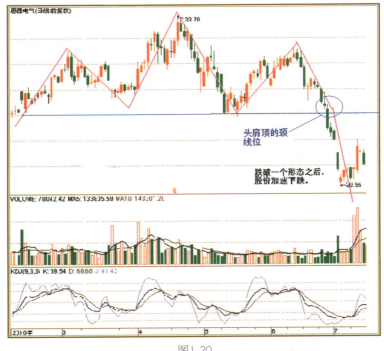

图1-20

之后该股股价再次下跌，跌破另外一个位置。见图 1-21：

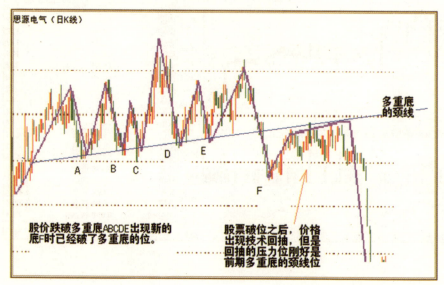

图 1-21

接着该股在破位后继续暴跌。见图 1-22：

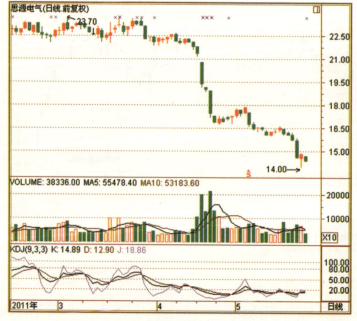

图 1-22

这样的反复破位个股应在反弹时果断离场，不要犹豫，更是不要爱上该股。现在回头看下该股的整个下跌过程是多么的熊。见图1-23：

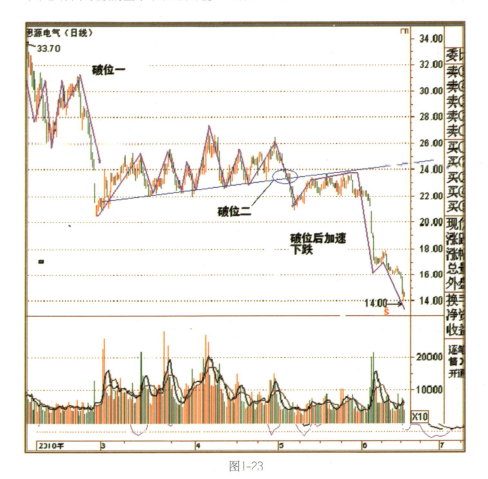

图1-23

个股的反复破位下跌出货，很容易使投资者反复被诱惑进去和反复地割肉止损。是一种使投资者非常容易出现混乱心态的出货方式。投资者如果遇到这样的个股，最好的操作方式就是逢反弹高点卖出、止损、认输出局，一直到下跌的情况非常明显之时再回来抄底。大部分下跌时期不可持股，不可错误地去抄底操作，拿着钱等价格跌便宜些就可以了。

利用除权
出货

股票除权从表面上说是一件很好的事情，但是你真正经历多几年股市就会明白上市公司的红包大都不是白拿的。先给大家了解下除权的相关知识，以便进行后面的技术学习。

一个稳健成功的投资者，要有恒心，不能半途而废。

——股市格言

除权即新的股票持有人在停止过户期内不能享有该种股票的增资配股权利。就是把流通股东（在全流通市场中，其实只有股东这个概念）获得的权益从股票市值中扣除。所以不仅送、转、配股要除权，而且红利也要除权。导致上市公司总股本发生变化的情况有很多，主要包括：上市公司实施送股、转增、增发、配股、回购注销等。其中，送股和转增是比较常见的会导致除权的情况。

实际上，除权的目的就是调整上市公司每股股票对应的价值，方便投资者对股价进行对比分析。试想一下，如果不进行除权处理，上市公司股价就表现为较大幅度的波动。而进行了除权，投资者在分析股价走势变化的时候，就可以进行复权操作，而使得除权前后的股票走势具有可比性。

除权一方面可以更为准确地反映上市公司股价对应的价值，另一方面也可以方便股东调整持股成本和分析盈亏变化。一般情况下，上市公司实施高比例的送股和转增，会使除权后的股价大打折扣，但实际上由于股数增多，投资者并未受到损失。除权对于股东而言影响是中性的。

然而，上市公司通过高比例分配等方式将总股本扩大，将股价通过除权拉低，可以提高流动性。股票流通性好的上市公司，如果业绩优良，往往容易得到机构投资者的青睐，这在实施定向增发和后续可能实施的融资融券业务中都是重要的因素。

上市公司的股票价格进行除权后，投资者往往对填权抱有乐观预期。实际上填权不是必然的。除权后上市公司的股价是否回补除权缺口，关键在于其每股价值是否得到提升，以及整体市场因素。所以，投资者对于上市公司的股票除权，要理性分析其原因，以及对股价的影响，对于填权行情不可过于迷信，更应看重上市公司的投资价值。

这就是股票除权的相关知识。学习了以后呢，我们本章节就可以讲开了。股价经过反复拉高之后很多市场主力出货就变得很难，所以有的主力会根据公司每股收益情况和公积金情况来进行分红、送股、配股等财务分配，这样就涉及除权，由于公司流通股本大幅度增加了，所以公司对应的股价也就大幅度摊低了，由此会吸引很多读者错误地"逢低买入"，高位不敢买的投资者，除权后价格下跌很多他们可能会选择由观望变成买入。同时另外一部分投资者会错误地认为"除权的股票很容易出现填权行为"这样就可以赚很多差价，所以他们买进股票。而这恰好上了主力出货的当。很多主力在除权之前就大幅度拉高股价吸引投资者的跟风眼球，以便后期出货。

案例1　中瑞思创300078

我们看下该股除权之前的走势，呈现给投资人的是多么繁荣美丽的大好景色啊，完全的多头排列，没有走尽的牛股大仙，无须怀疑，唯一做法：买进！买进！再买进！见图1-24：

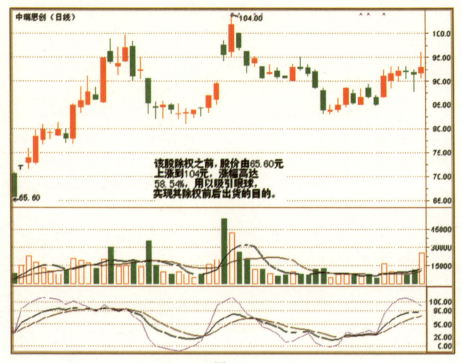

图1-24

之后，该公司进行了如下分红扩股：

分红扩股: 1. 2010 年以总股本 6700 万股为基数，每 10 股派 15 元（含税，税后 13.5 元） 转增 15 股

登记日: 2011-04-20; 除权除息日: 2011-04-21

上市日: 2011-04-21; 红利发放日: 2011-04-21

除权过后，风采不再，速度依旧，只是由上涨转为下跌！这是一个除权出货的典型，我们看图学习下。

除权之后公司股价进入出货暴跌。看图1-25：

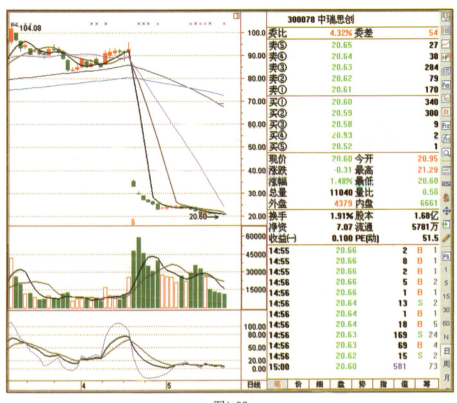

图1-25

庄家：大散弟兄，你除权前卖了没？

散户：卖？您不是一直告诉我买吗！说这股过了100元大买可

以变成200元的！

庄家：呵！忘记告诉你年限了！

散户：现在告诉我要用多少年到你说的200元？

庄家：行！准确告诉你是在2245年！（现在是2011年）

下面我们再次看下该股除权前后的情况。见图1-26：

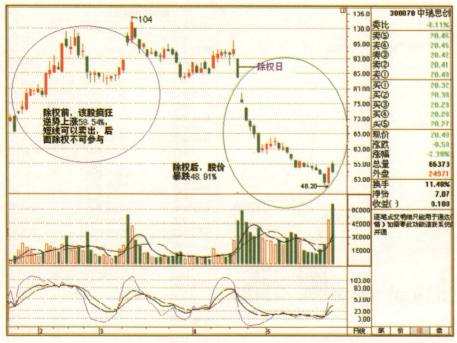

图1-26

上面的图1-32是后复权处理后的K线趋势图。该股除权完全就是一个吸引人进套的陷阱，这个股我有操作过，而且在文章里公布，卖在了98元左右，后市就告诉读者不要再碰了，这个股后期虽然冲高到104元，但是之后我们就不再看好，到除权之前早已经空仓无货，后期暴跌也没伤及我们丝毫。由此又可以窥见在A股市场里很少有股票值得你做长线操作，它们不过是短线题材，做一波可以走也！

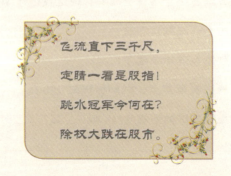

飞流直下三千尺，

定睛一看是股指！

跳水冠军今何在？

除权大跌在股市。

案例2 神州泰岳 300002

除权之前，该股高送转的内部消息走漏，出现了一波拉高抢筹行情，主力这期间在进行高位出货。我们看下该股为了除权拉出的漂亮行情。见图1-27：

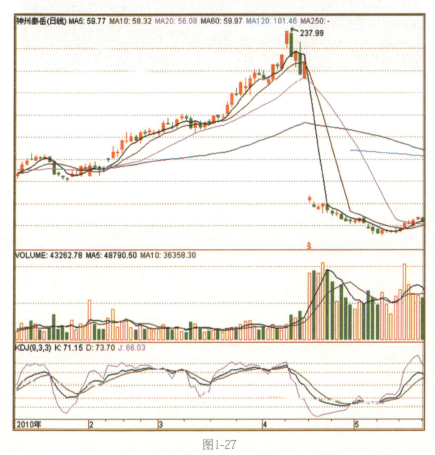

图1-27

"跌"：

——足＋失，也就是一失足，买错了，开始倒下，惨呀！

期间上涨情况见图1-28：

个股区间统计结果：

起始日 ◀20100126▶ 结束日 ◀20100412▶ 　　　共 47 个交易单位

最高	23595	最低	10450	总量	86.2万	总额	129.6亿
天量	54123	地量	9049	上涨	27天	下跌	20天
幅度	131.41%	振幅	125.79%	阳线	30根	阴线	17根
均价	15039	换手	279.16%	阳量	59.4万	阴量	26.7万

图1-28

除权之前，47个交易日就上涨了131.41%，这是非常牛的个股了。当时几乎是家喻户晓的好股，是和中国移动公司合作的大好公司，直到后期暴跌，人们才逐步醒悟过来——"再次被庄家给欺骗了！"

我们继续分析本案例，该股先后进行了如下除权。请看下表：

年度	每股收益(元)	净资产收益率	分红送配方案
2010年	1.0400	12.86%	以总股本31600万股为基数，每10股派3元（含税，税后2.7）转增2股 登记日：2011-04-19，除权除息日：2011-04-20 上市日：2011-04-20，红利发放日：2011-04-20
2010年中期	0.4700	6.32%	利润不分配，不转增
2009年	1.0900	11.92%	以总股本12640万股为基数，每10股派3元（含税，税后2.7）转增15股 登记日：2010-04-16，除权除息日：2010-04-19 上市日：2010-04-19，红利发放日：2010-04-19
2009年中期	1.3300	29.17%	利润不分配，不转增
2008年	0.5500	48.95%	以总股本4318万股为基数，每10股派5元（含税）
2007年	1.0200	65.77%	以总股本4318万股为基数，每10股派5元（含税）
2006年	0.2600	29.43%	以总股本2159万股为基数，每10股派9元（含税）

公司股票的每次除权，带来的几乎都是破位下跌，股价在拉高完成后持续处于熊途下跌过程中。看下公司两次除权情况的缩略图1-29：

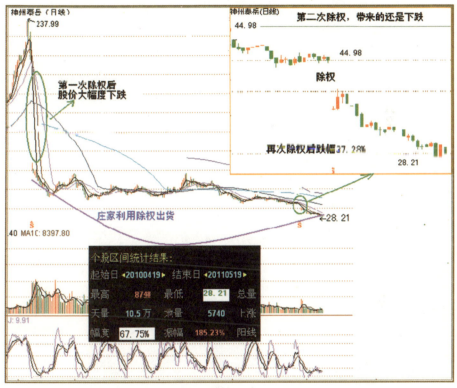

图1-29

除权后，该股从除权价82.74元下跌到2011年05月25日附近最低的价格28.21元，跌幅已经高达67.75%，仍然在下跌趋势中。

这样的除权个股，很多会发生业绩变脸和趋势变脸，参与的风险巨大，建议少参与，除非是牛市，多头氛围强烈的时候方可大胆参与。

至此，关于庄家出货，大战神暂且总结出这些，盘中什么情况，遇到后怎么样应对，我在书中已经给了大家答案。大家在以后长期操作实战中还会面临比这些标准出货方式更加奇怪的出货方式，到时候大家需要根据当时大盘的情况，个股的情况，具体问题具体分析，这是最应该做的，切记分析问题一定要客观。

出货是主力操盘坐庄过程最为重要的环节。主力嘛，要出货就必须诱惑散户或其他投资者高位接货，所以他们会使出浑身解数，引得其他人自愿跟风追买。很多人追买股票后短期仍然会沉迷在庄家编织出来的各种美丽的童话中，仍然在为这个正在出货的个股说好话，直到后期不断下跌，追高的投资者方才明白原来自己错了。

大战神在讲解出货这一章节时，用的案例最多，总结的出货方式也很多，因为这章是最重要的。如果学透本章节，可以回避很多庄家设下的陷阱，少损失很多钱，这样才能有足够的子弹在机会真正到来的时候多多赚钱。

送给大家一句话："股票市场，是上帝根据人性的弱点而设计的一个陷阱。"学会使用出货这种技术来反主力出货的圈套，请你务必克服自己本来具有的人性的弱点！

希望以后大家在买进股票的时候，一定要看准了你买的筹码是不是主力精心设计好的正在出货的股票？如果是，你应该做的就是两个字：不买！

草原茫茫现牛羊，

蓝空碧玉胜天堂。

天堂美好无人去，

草原处处好风光！

——大战神·大师意境

2007 年 8 月于内蒙古希拉穆仁草原

米饭与包子打群架，米饭见着包着的就打，豆沙包、蒸饺、盒子、馄饨无一幸免！粽子急了，把衣服撕开："看清楚再打！我虽包着，可我是卧底！"

当晚，众包子追杀粽子这个卧底，现在谁都知道绿皮的是卧底！一伙粽子都被赶到墙角，被扁得丢盔弃甲，头破血流，好不可怜！

众包子都打累了，才听到一个粽子喊："兄弟们别打了，自己人打自己人，我是包子，是发了霉被铺子里开除的那个包子啊！"

这段笑话与股友分享！

好多时候，股民都是"包子"，糊涂地责怪这个人那个人，其实都是同类，责怪不如自问！找自己原因才好成功啊！

——大战神

2010 年 3 月

第二章

底部 K 线
的一般特征

在上册及本册第一章中我们系统地学习了庄家操盘必须经历的建仓、洗盘、拉高和出货这四个过程的 K 线特征。从本章开始大战神将对 K 线进行专题归纳，分别重点研习底部 K 线、顶部 K 线、特殊 K 线、波段加空仓最高境界 K 线，这些看盘的重要环节和上册坐庄一般的四个套路 K 线互相结合学习，并且通过长期实战验证和反复的成败总结，如此反复训练很多很多次，才能逐步把大家培养成为看盘和操作高手，这是一整套完整的股票学习过程，如果您想理财成功就必须如此。

这个市场需要把握住波峰和波谷，波峰就是顶部，波谷就是底部，本章先学习底部 K 线的一般特征。我们认识了底部 K 线以后在实战中就容易判断出底部，也就可以买在股票相对的低点，在操作时还必须学会举一反三和融会贯通。

双底·K线

对应一次探明的底部（比如 V 形底）市场更多时候会出现双重底（甚至还有三重底），这个双重底也叫 W 底，在《从 1 万到 100 万的短线操盘绝招》和《涨停 18 招》两书中也有过详细的讲解，这里就不再讲解概念而是直接带大家进入使用阶段。

股价有离谱的涨法，也就有快速的跌势。

——股市格言

股票的下跌一般会引发无数人反复抄底，但几乎是抄底的人都会以失败告终，这就容易出现这样的情况：第一波大幅度抄底的人被套，股价由反弹再次进入下跌破位，这时候先进去的投资者账面损失，他们会根据再次下跌的 K 线分析认为后市会再出新低；于是他们开始"多翻空"，止损卖出抄底被套的股票，这也加速了股票的下跌，但是跌到前一个底部附近时股价再次得到另外一部分投资者（也有庄家）的认可，他们开始买进，股价企稳，之后再次上涨，这样就形成了两个股价接近的底部，这就是双底 K 线的形成。见图 2-1：

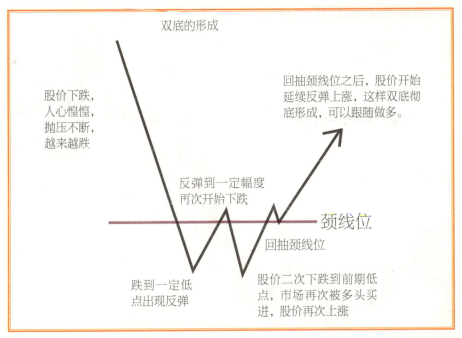

双底的形成

股价下跌，
人心惶惶，
抛压不断，
越来越跌

回抽颈线位之后，股价开始
延续反弹上涨，这样双底彻
底形成，可以跟随做多。

反弹到一定幅度
再次开始下跌

颈线位

回抽颈线位

跌到一定低
点出现反弹

股价二次下跌到前期低
点，市场再次被多头买
进，股价再次上涨

图 2-1

具体的，我们看后面的案例。

案例 1　海南橡胶 601118

该股依赖双底的有效支撑，走出了一波强势的上涨行情。投资者短线把握好双
底买入可以赚取不错的利润。见图 2-2：

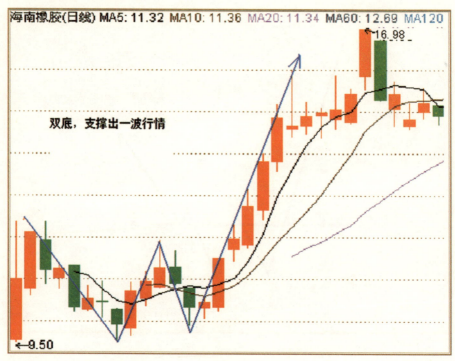

图 2-2

研究这个双底K线，我们最好的买入点是在二次探底成功之后，成功的标志是股价在前期低点止跌企稳并且上涨，这时候是买进股票的好时机。后市完全确立了这个双底有效时我们可以加码买进。

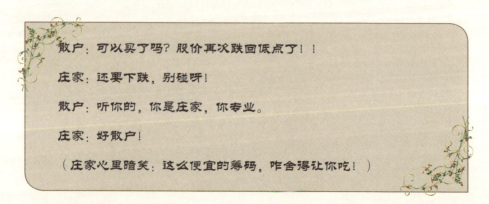

散户：可以买了吗？股价再次跌回低点了！！

庄家：还要下跌，别碰呀！

散户：听你的，你是庄家，你专业。

庄家：好散户！

（庄家心里暗笑：这么便宜的筹码，咋舍得让你吃！）

案例 2　海立股份 600619

　　该股股价持续下跌，终于在 6.95 元附近企稳，该位置经过两次探底后股价出现一波上涨。见图 2-3：

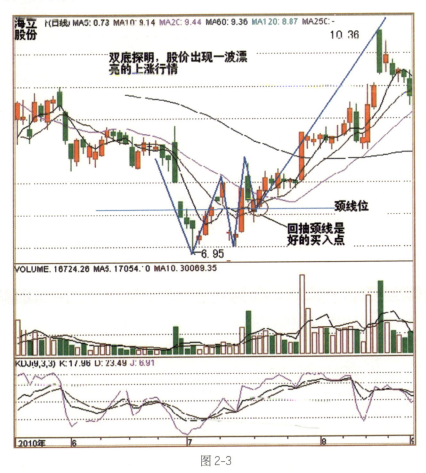

图 2-3

　　该案例双底形成的时机就是不到 10 个交易日，投资者把握双底 K 线进行交易的时候一定要注意观察前期第一次探底反弹的价格是否存在有效支撑，这个"有效"可以从 K 线是否能够延续强势和成交量是否放大来协助研判。成交量放大，才能进场。否则也可能会上主力做假双底而实则破位再次下跌的当。

平底 · K线

就一个股票在底部区域的走势来说存在各种形态，其中有一种是平底，类似走出一个平台，底部价格波动不大，基本可以认为主力在该价位已经跌无可跌，盘整就是在逼出割肉盘，主力在此收集底部筹码为以后拉升做充分准备。

如果某一股票能够长期站稳于某一价位之上，那一价位即为合理价位。

——股市格言

案例 乐山电力 600644

主力喜欢将自己耐心这一优势发挥到最大化，于是喜欢上了"用时间换空间"，这也便有了"平底"这样的K线形态，散户当然难摸透，所以不好介入，即使介入，也很快出局。我们看案例600644乐山电力。

该股股价在7元左右形成平底，股价不再大幅度杀跌，开始反复用时间换空间的平底方式筑底。见图2-4：

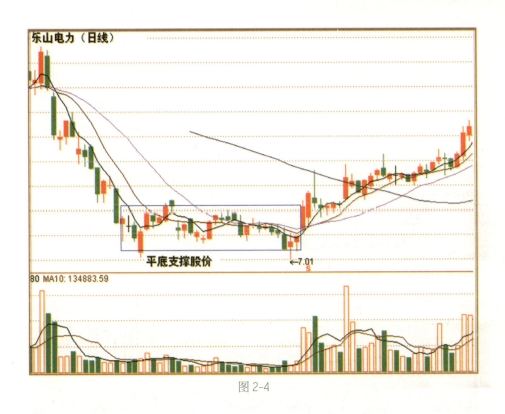

图 2-4

这个强大的底部支撑，支撑出了一波很好的中线行情。关键的是在这个平底消耗的一个多月时间你能否耐心持仓。不要被主力清洗出局才可以赚到后面的利润。这期间不要做任何操作，就是耐心等待。看下该股随后走出的行情。见图 2-5：

庄家：你买了乐山电力没？

散户：买过！

庄家：现在还有没？

散户：死股一个，没庄家在里面，我几天白拿了，啥都涨，就它不动！

庄家：那就对了！你出了，我马上拉起……

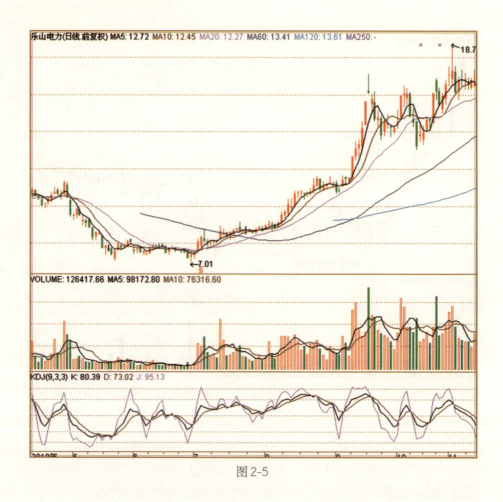

图 2-5

一个平底一般会支撑出一波不错的中线行情，不会只是短线行情。也就是"横多长，竖多高"的股市规律。操作的时候投资者很容易选出平底的个股。但是需要回避一个误区——就是横盘出货，在股票的出货过程中有时也会以平台的方式进行，这在上册第四章中有过讲解。区别是平底还是平台出货可以通过对K线趋势所处是高位、中位还是低位来判断。如果处于中高位就需要谨慎了，不要过早介入，如果处于底部区域，则可以中线介入，等待一波很好的中线行情。如农业银行上市之初受到绿鞋机制的保护股价出现平台整理，很多投资者错把平台当成为平底去抄底，结果大部分人短线被套。见图2-6：

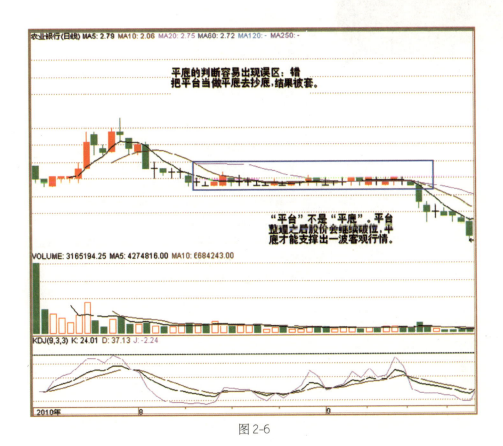

图 2-6

　　真正的平底一般是发生在一轮大的熊途末期,股价看起来无人问津,实则有超级主力在潜心逢低布局,只是人家建仓的动作比较谨慎不想引起股价大幅度波动引发跟风盘介入,不想丢失底部廉价的筹码。我们操作的时候应该耐心等待,在平底持续一段时期之后再介入,介入太早容易浪费时间成木,也不是最好的操作选择。这个底不适合短线操作,适合的是中长线投资者。

庄家:大散兄弟,上次的乐山电力你丢了,后悔吧?

散户:有啥办法!我来股市就是捐血的!

庄家:不要灰心,有机会了,又一个平底 K 线股农业银行!

散户:呀!是哦!俺代表俺老婆谢谢你!我买!

大Ｖ形

底部Ｋ线

　　这个市场里有一种东西大家都遇到过，叫"陷阱"。说明白点就是股票的走势突然被加速打坏，Ｋ线趋势走出加速破位的趋势，当很多人集中看空开始做空卖出股票的时候股票却由大跌立即回升，回升过程再次欺骗很多人"逢高"止损卖出，主力这时候照单全收，股价迅速拉起，Ｋ线趋势形成Ｖ形反转，那么这样的底就叫Ｖ形底，它的特征就是如陷阱一样欺骗投资者做空，之后再神话般股价回升并且创出新高。我们看案例。

不要买过分冷门的股票，否则一年到头不能交易，饱受难以变现之苦。

——股市格言

案例　包钢稀土 600111

　　该股跌破箱体蓄势后加速下跌，跌到 56.71 元之后股价开始反弹，创出新高，走出Ｖ形底部反转。看图 2-7：

图 2-7

该股操作的时候
一定要控制好节奏，
只有确定这个是 V 形
底的时候才能参与，
这就要看成交量是否
配合放大。第二个标
准就是 K 线没有回调
走弱，否则很容易被
"下跌抵抗式反弹"
套住。比如下面这个
股 600114 东睦股份，
见图 2-8：

只有错过了假 V
形底，分辨出是主力
诱空陷阱还是破位下

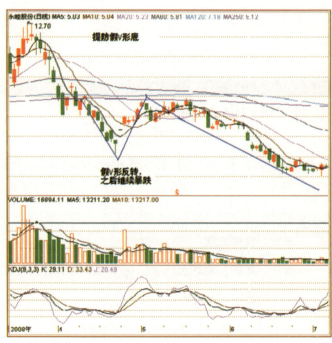

图 2-8

跌的继续，然后才能做出操作计划，分批少量买进。这个底停留的时间最短，把握的难
度也几乎最大，所以工夫要下在平时，效果才能显现。

单针探底
底部 K 线

> 比前一节 V 形底更加快速的底就是单针底，这个底就在下跌的某一天盘中完成，这在 K 线上留下的痕迹就是带长下影线的 K 线或者是十字星 K 线，如一根针刺于底部，这里大战神归纳为单针探底。这个底是彻底在盘中分时图上完成探底或洗盘，之后股价持续走高，一波短中线行情可以期待。

有人买，所以涨。因为涨了，所以更多的人要买。

——股市格言

案例　华银电力 600744

该股股价自 5.85 元一路下跌，跌到 3.69 元探明底部，这个底在盘中是如此完成的。看图 2-9：

庄家：我砸盘了！

散户：是呀，突然大跌了，我和阿三阿四听你的都卖了，谢谢你呀！大庄哥！

庄家：不用客气，下次我还告诉你们。

散户：哟？咋又拉回来啦？俺卖在底了！NND!

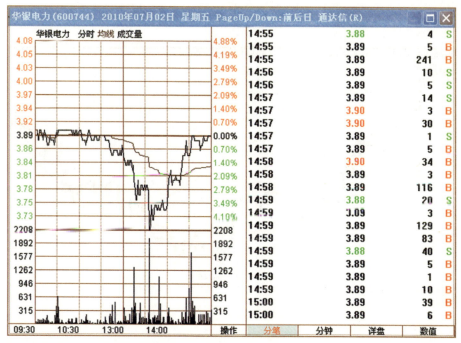

图 2-9

　　主力盘中打压出底部 3.69 元，之后盘中就开始反弹，成交量开始放大，收盘时收出带下影线的 K 线。见图 2-10：

←3.69

图 2-10

探明了底部之后,该股就迅速地由跌势转为升势,这个单针底确认成功。见图2-11:

图 2-11

操作单针底,也会遇到误区,就是有时候主力会在下跌过程出现扫盘拉高,制造虚假的单针底,这样的情况也经常会发生。很多不明真相的投资者就会错误地提前买入股票导致被套。如600746江苏索普就出现过类似的假单针,最后套人不少。见图2-12:

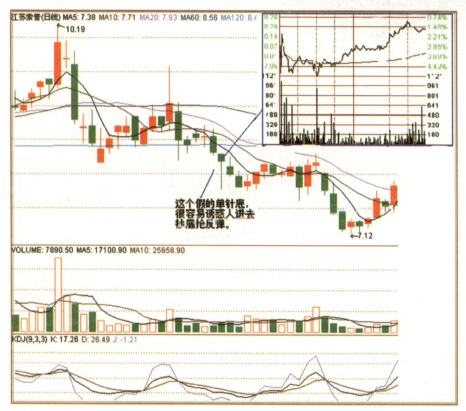

图 2-12

操作单针底，需要观察该股后面的几天走势是否不再创新低，反弹的时候有成交量持续放大才能确认这个底是否成立；如果单针K线之后，股价继续下跌，那这不叫单针底，而是叫下跌抵抗，这就不是底，应该继续观望，不急于买入。所以使用各种技术都是一个道理，就是需要结合使用，不可以静止地看问题。这是符合辩证法以发展的眼光看事物的哲理，对单针底如此，对其他的底或顶也如此。

破位诱空
底K线

股票走势在K线上可以反映一切，也可以说K线可以反映一切股票的信息，包括上市公司生产经营情况，主力庄家进出情况，操盘的趋势情况，坐庄人心理状况，散户跟风情况等等都可以在K线图上反映出来。主力在本来看起来平稳的K线趋势中，突然来一次破位走势，打破前一个趋势对股价的支撑，制造股票走熊的迹象，引发投资者恐慌，从而选择卖出股票，这就是大战神归纳的主力擅长的破位诱空底K线。唯有破位主力才能吓掉跟风盘，才能走出好的行情。

一般来说，股价的变动是一个未知数，发行公司的获利情况也是一个未知数，因此，所谓股价的高低，所谓盈余的多少，都不是绝对的，而是相对的。

——股市格言

案例　西安旅游 000610

该股本来是处于良好的上升通道中，股价一路沿着上升通道上涨。涨到 9.31 元之后股价突然下跌，一直跌破以前的 K 线上升通道，破了这个"位"，很多投资者开始思路转空，操作上他们开始卖出，这样股价在破位以后加速下跌，见图 2-13：

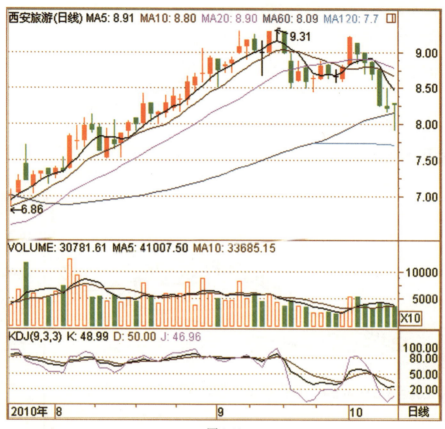

图 2-13

庄家：破位！破均线！破支撑！快跑哇！

散户：在卖！我的 200 股咋还不成交？

庄家：挂低些呀！

散户：嗯，直接挂跌停板价格！

庄家：啥！成交了！你又被我玩了！股票明天拉起！

　　在该案例中，K 线已经破了前期延续上涨的通道，股价下跌，后期出现了一次反弹但是最后还是选择了二次破位，股价开始加速下跌，恐慌盘涌出，投资者恐慌。但是，这刚好是主力的一个筑底方式，前期股价的走高应该是建仓的过程，这次破位是筑破位底，当然你也可以理解成为洗盘，这个底部类似于洗盘，理解成为洗盘的底部也是一样可以在底部买进股票的。我们继续看该股随后的走势。见图 2-14：

图 2-14

回头看，都很清楚了：当时的破位原来是主力在筑底，这个底是启动之前的底，做成这个洗盘底之后该股就加速拉升，出现了一波接近翻番的短线行情。抄底得当的话可以赚很多利润。

类似如此破位的底还有很多，各种形态、各种均线的支撑本来看起来非常结实，跌不破的感觉，却突然被跌破，所有支撑都宣告无效，这就是破位，破了支撑的位，技术派投资者就开始由多翻空，开始卖出股票。观望者此时也没有足够的理由买进，所以继续观望。但是，这样的破位之后，如果我们观察到了没有按大部分人预测的破位后加速下跌发生，那就可以将此类股票收集到自选股，冷静地观察下该类股票后续走势是否继续破位，如果没有破位就安心持仓，或者逢低买入。这样的假破位是泛技术派的，是反技术操作的典范，使用大战神的绝招"无招胜有招"就可以不惧主力的跌，这个底也就可以做得很好，最后投资也会成功。

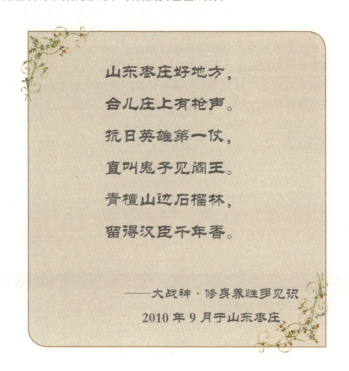

山东枣庄好地方，
合儿庄上有枪声。
抗日英雄第一仗，
直叫鬼子见阎王。
青檀山边石榴林，
留得汉臣千年香。

——大战神·修身养性多见识
2010 年 9 月于山东枣庄

缩量底
°K 线

兵法有云"兵马未动，粮草先行"，在股市的战场里这个粮草就是资金的成交量，而兵马就是投入资本市场里的钱。在研判股票底部的技术分析中，大战神非常强调的是K线和成交量之间微妙的变化，这其中是有玄机的，虽然无法用语言文字准确地叙述其中的奥秘，但是我可以提点一下，大家认真分析K线的同时也要认真地分析与此相对应的成交量。这个底部到来之前必须先经历：缩量—放量—再缩量。这是一个投资者心理的变化过程：开始下跌时主力卖出，散户投资者舍不得卖，而且幻想着当时是洗盘很快会上涨，所以惜售，没有成交量；之后随着股价的连续下跌，恐慌情绪蔓延，抛售的人开始大幅度增加，出现集中抛售的情况，这期间股价跌得多，成交量也是放大。这是第二步；最后，大部分投资者已经卖出手中的筹码，股价再次下跌也没人再有筹码抛售了，即使还有极其少数的人持有少数筹码，他们也是打死不卖的坚定持有者，所以这最后一跌的成交量也是最小的，主力这期间就可以判断底部基本被探明，所以，这就是安全底部。

看准一日行情，便可受用不尽，看准三日行情，即能富甲天下。

——股市格言

案例1　延华智能 002178

该股自 14.46 元开始下跌，成交量在间歇性缩小，跌到底部 10.02 元时，该股的成交量萎缩到最小，当日的换手率仅仅为 0.79%，最低总金额只成交 885 万元。成交量极其低迷，底部有确认的可能。见图 2-15：

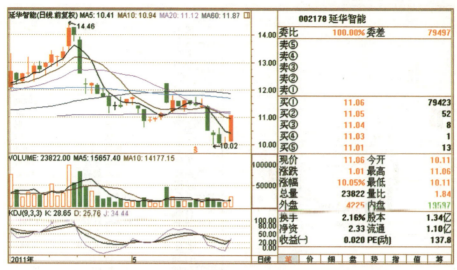

图 2-15

　　该股下跌开始后还有成交量放大，下跌中期也有一次成交量巨幅放大，随后成交量逐步降低，到最后底部启动之前，成交量几乎萎缩到可以忽略的地步。这就是底部，随后出现了放量反弹。

　　操作这样缩量的底，一定得耐心等待K线和成交量同时大幅度下降，需要一段时间才能见底。

案例2　中珠控股 600568

　　该股经过几番下跌，成交量达到极低，盘中勉强维持成交，在无人看好买入的数日后，该股迅速腾飞，人们回头方明白，这又是一个"缩量底"呀。

　　见图 2-16：

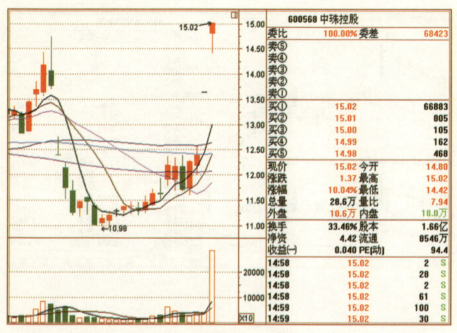

图 2-16

由图 2-16 可以清晰地看到，在股价下跌的这个过程，成交量是一路缩小的，当缩到极其低的时候，股价也就见了底部，这就是缩量底，发现后等待 K 线走稳向上的时候随即跟随买入是可以赚钱的。操作的时候，要结合 K 线是否走稳并且向上抬头来共同研判方能决定买卖。不可见缩量就买入，那样容易买早。比如天广消防，见图 2-17：

散户：大庄兄，缩量都是底吗？

庄家：是的，见缩量你可以买进。

散户：行！我买天广消防！

庄家：好！——套不死你！这股我是原始股 1 元买的！

散户：真跌了！你咋那么缺德呢？

庄家：没法子，吃这碗饭的！

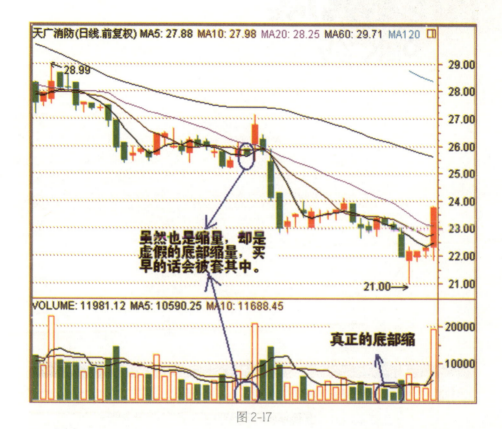

图 2-17

　　该股也出现过缩量，可是那个缩量是主力和散户惜售，不是真正的底部缩量，万一抄底早了，后面的下跌会再次套住抄底的人。缩量底的判断，最大的误区就在这里，就是怕抄底过早，导致错误被套。使用该技术的时候，切记耐心，等待下跌。需要观察下跌的幅度有多大，不足够大的下跌幅度是不会缩量见底的。这需要磨出持仓的人放量卖出，之后才会是缩量到底，才是我们操作买入的时机。

阳线筑底
。K线

　　主力筑底，不一定都是静悄悄的十字星，下影线或者缓慢的筑底，还有一种方式就是阳线筑底。这是一种高调的底，一般是因为主力急于做多，或者公司出现重大利好，或者是政策面出现巨大利好市场整体突然由弱转强，主力阳线筑底，后市坚定跟随做多。

　　吃进时应小心谨慎，吐出时要当机立断。

——股市格言

案例1　粤传媒 002181

　　该股下跌趋势在探到9.43元时以阳线完成筑底，这个底部配合的市场消息面就是广州亚运会即将开幕，阳线探底之后一路加速走高，走出一波漂亮的飙升行情。具体的走势见图2-18：

图 2-18

阳线筑底一旦成功，完全可以走出一波好的行情，投资者关注几日可以跟进。

案例 2　莱茵生物 002166

该股跌到 13.01 元之后见底，见底阳线构筑成功，之后一路拉高到 36.00 元，实现价格翻番。这个阳线底，是做多坚定的底部支撑出来的多头信号，买进及时者可以有不菲的收益。见图 2-19：

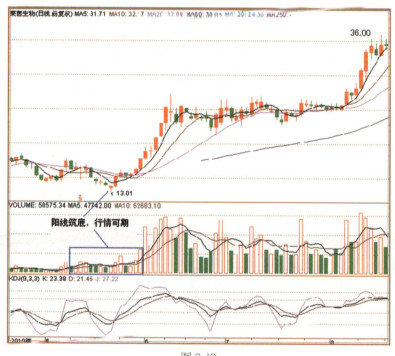

图 2-19

看到这样的阳线筑底，可以放心地介入该类股票，赚得良好的收益。操作该类股票的最大误区是过早抄底。不要见了一根下跌过程中的阳线就去抄底，那样很容易抄错了底，抄在股价下跌半山腰的阳 K 线就会导致被深套，那是得不偿失的。所以务必结合阳线探底之后该 K 线趋势是不是能够继续延续反弹和上涨，如果可以则理应买入。如果不是延续反弹和上涨，那就可能是下跌抵抗的圈套，而不是真正的底。

持续大阴

○ 筑底 K 线

在股市的底部，阳光是比较少的，大部分还是阴雨连绵，叫人精神和肉体反复遭受摧残和折磨，只有这样的情况出现一段时间，在场持有股票的人才能被逼卖出筹码，有大资金的聪明的庄家才能觉得价格已经严重低于价值，所以他们才能买入，这才是底部给人的最多的印象。

本节我们学习持续大阴线筑底的 K 线形态，持续的阴线给人以绝望悲观，大阴线又叫持有股票的人损失惨重，持续的跌又可以消灭掉无数试图提前抄底的小聪明的投资者。这就是主力庄家利用这种底部的洗盘与建仓的意义。他们的目的是可以得逞的。

股票的规律大体是高值三日，低值百日。也就是跌的时间多涨的时间少。

——股市格言

案例1 高金食品 002143

股价持续下跌，持股者心态越来越乱，损失越来越大，越来越多的人终于受不了了，开始加入空方阵营，卖出的人开始增多。砸啊砸，大阴线终于砸出了一个扎实的 K 线底部。见图 2-20：

图2-20

　　大阴线的底部是砸出来的，后面的上涨也应该定性为技术性超跌反弹。不过随后的上涨终于在持续大阴线的下跌中完成筑底了。这个底，可以少量参与。

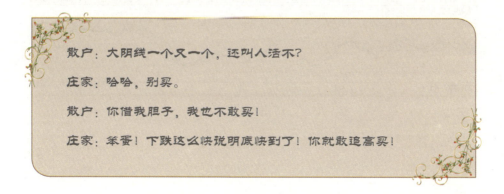

散户：大阴线一个又一个，还叫人活不？

庄家：哈哈，别买。

散户：你借我胆子，我也不敢买！

庄家：笨蛋！下跌这么快说明底快到了！你就敢追高买！

案例 2 德豪润达 002005

　　该股也是持续下跌，大阴线频繁出现，直到最低点 14.88 元的底，也是大阴线砸出来，这个底就是这样筑成的。带着普通投资者反复割肉的血痕完成的底部。而这个底部又是另外一小部分聪明的投资者能够把握住的难得的底，把握好了，买对了，拿住了，后面短线会有一个好的收益。见图 2-21：

图 2-21

把握好该底，是需要足够耐心的，因为平时很难说哪根大阴线是最后一根大阴线，所以抄底的时候很难把握成功，这样的情况如果进行左侧交易就是赌博，这是错误的。大战神建议进行右侧交易，趋势完全走好的时候再买进，不要盲目参与左侧的大阴线，很容易被市场反复筑底给消灭掉。这是市场，不要把它当成赌场，这里是不可以赌博的，每次操作都必须有严格的纪律和严肃的态度，这样才能保证深思熟虑筛选的个股买在正确的买点，赚到投资应该赚到的钱。错一步，则步步错，所以，大战神建议对待这个大阴线筑的底只交易右侧、不参与左侧盲目抄底。一切底部操作，必须以安全大于收益为原则。

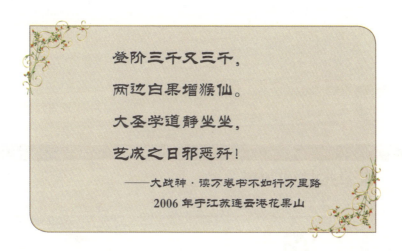

登阶三千又三千，

两边白果增猴仙。

大圣学道静坐坐，

艺成之日邪恶歼！

——大战神·读万卷书不如行万里路

2006 年于江苏连云港花果山

台阶底
。K线

　　有一种主力做盘非常的有规律，在K线形态上几乎是台阶的方式在下跌，以此来完成筑底工作。这是对有耐心的投资者最大的消灭方式，有耐心的投资者可以持有股票一段时间，但是这样的筑底方式主力是采取了一个平台又一个平台地跌破，底部逐步降低，持仓者心态逐步被打乱。以此方式构筑的底部更加扎实，散户是很少拿得住这样的股的。

　　分次买，不赔钱；一次买，多赔钱。

——股市格言

案例　世荣兆业 002016

　　该股下跌采取了平台的方式进行，大量浮筹被清洗干净。当更多人卖出筹码之后，底部也就出现了。这个筑底是有杀伤力的。见图2-22：

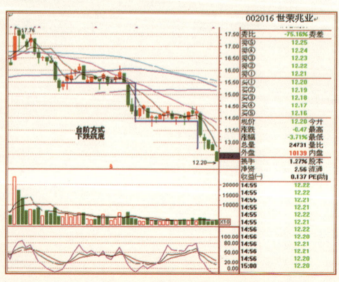

图2-22

筑底完成之后，主力开始翻多上涨。投资者把握好买点，跟进这样的底部股票，后期是可以赚钱的。见图 2-23：

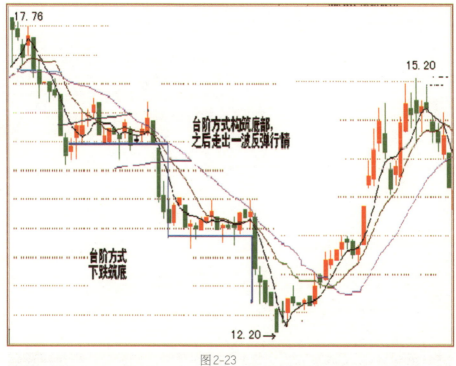

图 2-23

这样的情况不是很常见，以后遇到了注意不要急于抄底。只有趋势明朗了才能介入。这样的平台方式下跌可以使那些有耐心的人绝望，可以叫盲目抄底的人懊悔，所以这样的底是很扎实的底，可以参与。只是需要提醒的是抄这样的底，不宜使用太多资金,否则一旦判断错误就会导致损失巨大，下跌一个平台可是不少资金蒸发了哦！

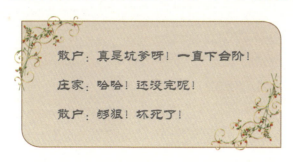

散户：真是坑爹呀！一直下台阶！

庄家：哈哈！还没完呢！

散户：够狠！坏死了！

小 K 线底

股票的底部，最常见的应该是小 K 线
形态。因为股票的下跌是一个规律，大部
分股票是越跌割肉卖出的人就越少，所以
K 线实体就越短小，形成了小 K 线底部形态，
也就是跌无可跌的情况。这时候是可以考
虑买入的。

股票只有两种，一种是涨势中的，再一种是跌势中的，只要能分辨就行。

——股市格言

案例 1　荣盛发展 002146

该股下跌的底部以小 K 线来完成，反映股价已经是跌无可跌，应该逢低买入，
赚取波段差价收益。见图 2-24：

图2-24

　　该股在 10 元左右跌无可跌，K 线出现诸多小 K 线。无论是阴 K 线或是阳 K 线，只要连续出现，并且是无量小 K 线，我们就要注意了，机会不远了，根据情况可以适当买入部分筹码，参与小 K 线底部抄底。

案例2　如意集团 000626

　　该股下跌之后，出现大阴线下跌，随着跌幅的加大，终于跌不下去了，股价跌到 6.63 元时开始企稳，之后走出一波短线反弹行情，投资者可以在底部小 K 线分批买入，参与反弹行情。见图 2-25：

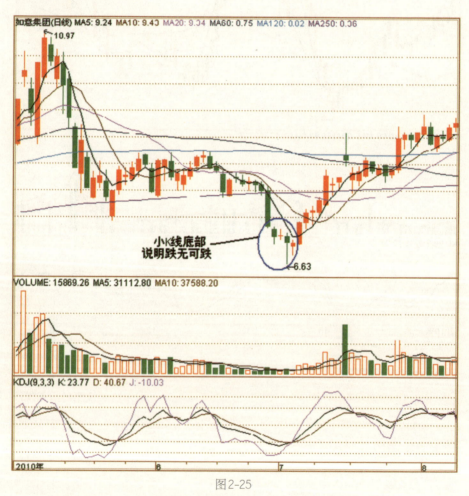

图2-25

参与该类股票，需要计算前期已经有多少跌幅，一般超过 30% 以上的跌幅才能出现这样的小 K 线机会。记住这小 K 线不是指一根 K 线，而是指几根，一系列小 K 线才能显示该股已经是跌无可跌，是买入机会了。否则容易是下跌中继，或者是下跌抵抗，那样的情况就不是底部了。操作的时候建议分批买入，耐心持有。

至此，第二章底部 K 线的一般特征我们已经学习完毕。有了这些比较典范的 K 线底部形态知识后，希望大家可以举一反三，自己在市场中不断地找出书中没有点到的底部 K 线还有哪些，遇到了该怎么样操作。而本章知识应该起到的作用是点拨大家对底部 K 线的思考和分析，在以后的底部不要再盲目地杀跌，在不是底部的下跌抵抗时绝对不盲目参与错误的反弹。

学完本章，我送大家一段话："就算你掌握了万千理论和技术，可是，你不懂得休息和调整，只知道义无反顾地满仓杀进杀出，最终的结果都是不好的。当每一次市场萧条的时候，精选一只股票买进，不想翻番都困难。做大趋势，还要有大智慧和大谋略。"

好的，以后对底部不要再害怕，不要盲目杀跌，应该珍惜抄底的机会，反市场大部分人的思维去逆向思维，在其他人抄底的时候控制好自己的手绝对不参与，在其他人绝望卖出的时候我们应该主动买套，这才是学完本章知识以后应该达到的目的。大家把握好。

东岳盘古头卧枕，
古今帝王来祈神。
十八盘坐望日出，
昼夜总有登山人

——大战神
2007 年 5 月于山东泰山

第三章

顶部 K 线
的一般特征

股市是一场资本游戏，游戏有游戏的规律可循，在此大战神将股票顶部 K 线的一般特征做了系统的整理，结读者进行专业化学习提供最好最详尽的一手资料。源自市场的宝贵知识，投资者学会一定会更好地去面对市场的顶部诱惑，学懂后可以做到准确判断市场是顶部还是上涨加速，以便做出最准确的操作策略。本章共 20 个小节，是本书小节最多、内容最多的一章，这是投资者成功操作的必备知识，这也是失败投资者必补的课程。下面我们逐一展开学习。

久攻不下

顶部 K 线

炒股，就如同战争。拉高就是攻击碉堡的战斗，很多主力在进攻初期非常凶悍，拔城夺寨，好不勇猛，但是随着进攻的继续，战斗越来越激烈，碉堡越来越难攻下，于是主力会采取暂时休整部队，择日再次进攻。但是再次进攻也可能失败，队伍再次休整，之后再次进攻和再次失败……如此反复在顶部循环，这就是对目标的多次进攻。股市中经常会遇到这种战斗。操作的时候要采取波段的方式参与，在进攻形势完全变得糟糕之时可以考虑撤离战线，进入空仓休息状态。这是符合攻防体系的，是科学地顺了顶部压力明显的势。

拳头往外打，胳膊往里弯。只有胳膊往里弯，拳头往外打才有空间和动力。股价下跌，实际上是为将来的上涨腾出空间和积蓄能量而已。

————股市格言

案例　浪潮信息 000977

该股在拉高的攻坚战中在 28.90 元附近遇到了阻力，该主力组织了漂亮的三波共六次放量进攻。无奈阻力强大，所有进攻均在该阻力位遇到挫折，股价回落。见图 3-1：

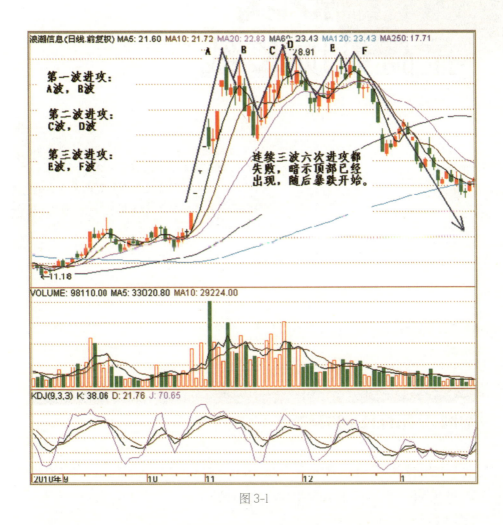

图 3-1

　　连续三波六次进攻都失败，暗示顶部已经出现，随后暴跌开始。操作的时候在 F 点可以准备撤离该股。同时该股在后面的进攻过程中成交量逐步缩小，可见在没有足够的成交量放大的情况下攻击成功的可能性在逐步降低，操作的时候在进攻完全失败的 F 点之后应该明智地卖出筹码，离开该股。

巨量上影线
拉高见顶 K 线

主力的进攻局面在盘中发生着巨大的变化，到顶部时多方力量已经是强弩之末，奋力一搏的冲高也不过只能在盘中日 K 线上留下长长的遗憾上影线。并且伴随着放量。这都说明此股的主力在出货。

大势疲软时，也有俏丽挺扬的股票；大势趋升时，也有晦气滑降的股票。

——股市格言

案例 华阳科技 600532

该股连续涨停板之后，终于在 2010 年 9 月 15 日冲击出一个顶部，之后吸引众多散户跟风操作买进，当日巨大的成交量已经说明了这点。主力在逃跑，散户在杀进。见图 3-2：

散户：我讨厌"顶"！

庄家：上涨是要用钱的。

散户：给俺印钞机，印个百万亿！

庄家：干啥？

散户：把大盘拉上 1 万点呀！

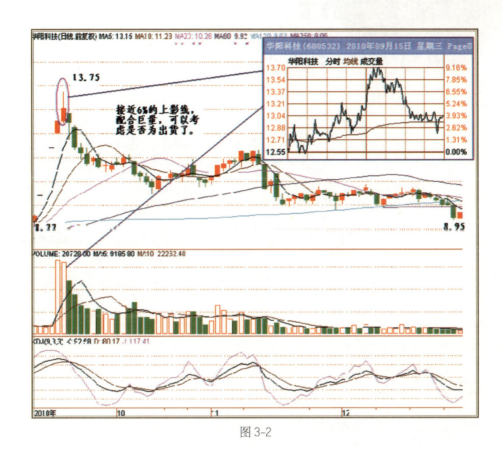

图 3-2

以上这种 K 线情况就是巨量上影线拉高见顶 K 线，遇到股价已经在相对高位收出长上影线时就必须小心了。成交量就是主力换手给散户的痕迹。遇到了就一定要时刻准备卖出，回避拉高个股的快速回落。

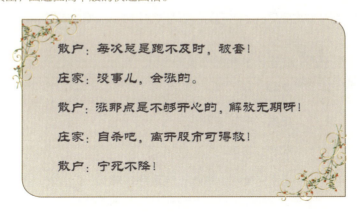

散户：每次总是跑不及时，被套！

庄家：没事儿，会涨的。

散户：涨那点是不够开心的，解放无期呀！

庄家：自杀吧，离开股市可得救！

散户：宁死不降！

逐梯回落
顶部 K 线

当进攻遇到挫折、开始回落，然后再次组织进攻却再次失败回落，之后再次进攻，如此反复。每次进攻所达到的高点都低于前一次的高点价格，从进攻起点开始到进攻失败后滑落，如同阶梯一样由上至下，股价如此见顶。大战神这里把它归纳为阶梯顶部，遇到这样的顶，需要在下一次组织的进攻高点处果断（止损或止赢）卖出，目的就是卖出，不要幻想会再次回到最高点，阶梯顶是很难有新高的。

股票筹码归缩踏实，则市场的卖压轻微，股价容易上升；股票筹码归缩虚浮，则市场的卖压沉重，股价不易上升。

——股市格言

案例 1　英特集团 000411

该股攻击到 10.76 元见顶之后开始回落，正是漂亮的逐梯回落顶部 K 线。见图 3-3：

庄家：下跌啥心情？

散户：痛！

庄家：逐梯下跌呢？

散户：真痛！

庄家：啥人，铁人？咋跌都不走！

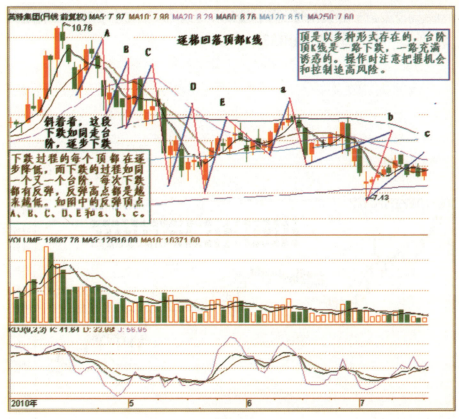

图 3-3

　　从图中可以看到，该股回落的阶梯顶K线高点由A到B、C、D、E是越来越低，之后小反弹一波，然后再次第二波逐梯回落a、b、c每个顶点都低于前一个顶点。这样的出货方式是缓慢的幻想式下跌，虽然一直在下跌，但是总是能够很快组织起反攻，给人以调整结束，可以再次创新高的错误幻想，从而降低抛压，掩护主力出货。在实战中，我们应该消除幻想，理智地选择高点卖出筹码，空仓观望。

案例 2　中国软件 600536

　　大幅度地持续下跌导致股价一个又一个平台支撑被跌破，支撑的幻想沦为泡沫。股价由台阶 A 开始，一路跌破台阶 B、台阶 C、台阶 D、台阶 E，每个支撑在走完的 K 线趋势中都是一个看似坚强的台阶，结果却是逐个被击破，对于持仓的投资者来说这是绝望的。见图 3-4：

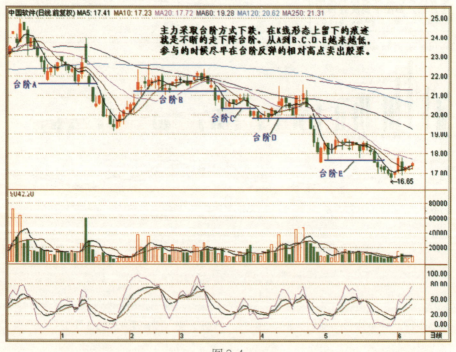

图 3-4

　　台阶顶 K 线的逐步下跌是对投资者的缓慢扼杀，账户的资产起落变化，而持仓者投资的结果却是注定了资产持续缩水，亏损到套牢，到无法做出自救的止损操作，只有死耗，或者认输断臂出局！在以后的操作中，一定要用理智卖出对待这样的潜在的看起来不是大危险的危险。

> 西周幽王何为乐？
>
> 千金买笑最难得。
>
> 栈道飞水戏道观，
>
> 人神异种真祸国！
>
> ——大战神·西周幽王为何乐？
>
> 2009 年于勉县褒姒故里

涨停板封顶
° K 线

股票见顶，一定是充满诱惑的，否则主力就无法实现将高位筹码卖给散户投资者的意图，所以必须有很好的消息面配合，同时技术K线要好看。漂亮的K线趋势图是最吸引投资者上当受骗的要素。而聪明的庄家主力就是善于做出这点假象，其中最成功也是最极限的假象诱惑当属涨停板封顶K线，以涨停板的方式诱惑普通投资者，很容易骗得散户当日买入，或吸引散户于次日低点的时候买入，这就是股票的一个顶。

选股工作固然重要，选时工作更不能忽视，如果时机选择不对，尽管选到了优良股票，也会由于整个大势的疲软而举步维艰。

——股市格言

案例 1　兰太实业 600328

该股进行了漂亮的诱惑。它先是突破盘整涨停板，然后是高位洗盘，最后是漂亮的再次涨停板，这3根K线足以吸引技术派上当受骗自愿追高买入。所以高位时成交量放大，主力通过高换手率完成将手中高位筹码变现为现金的过程，散户投资者却接了高位的单子，余下的事情就只有不断地见证股价持续暴跌，不是吗？随后就是两个跌停板，然后是持续加速下跌，股价从 17.44 元的顶跌到低点 10.90 元仍然没有完全结束跌势。但是跌幅却异常大，已经高达 37.50%，这就是被诱惑的代价。见图 3-5：

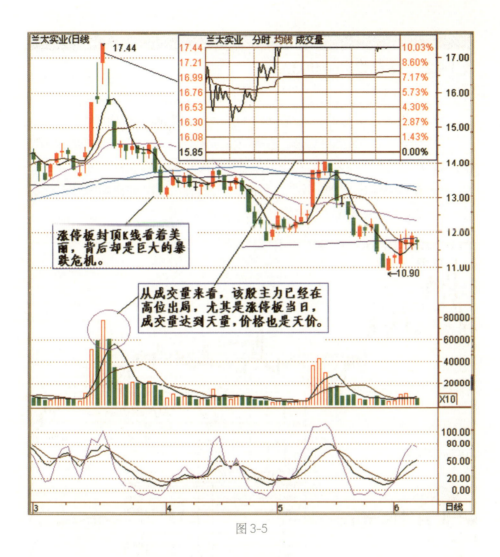

图 3-5

　　涨停板，不一定是好的，很多时候是假象。涨停板单纯从 K 线学解释确实是极度看多的信号，但是结合当时大盘环境和个股所处的位置，以及主力庄家的心理和操盘策略，理智地分析后你可能明白那是诱惑，是主力做出来的假象，故意等你去钻。买错的人，损失惨重！

案例 2　长春燃气 600333

该股在平稳的趋势加速走好之后，终于有了一个漂亮的涨停板，而且成交量巨大，然而次日再次放出巨量股价却没有出现涨停板，这便要加倍小心了。随后的两天 K 线收阴线，成交量缩小，这就是危险的信号，主力没钱再进入市场，成交量才无法被放大，此时应该考虑卖出。高位时候的 K 线和心理是复杂的，散户在顶部听到的一定是关于该公司有多么好的消息。见图 3-6：

图 3-6

以后应该记住了，在股价的顶部，特别是市场环境整体不乐观的情况下，任何利好消息都是为了主力出货，我们不要全部听进去；此外漂亮的 K 线技术图应该是主力拉高期了，在建仓、洗盘、拉高和出货这操盘 4 要素中，拉高是最暴利也是最危险的，拉高之后就是出货。这在实战中很多主力是将拉高和出货同时进行的，筹码在完美的外表掩护下逐步卖给散户，庄家却拿走了大量的钱。我们为什么要贪婪呢？只有在市场环境好的情况下，在主力愿意持续做多的时候我们才能考虑追涨停板的操作方式，否则都必须逢低建仓，拉高后考虑卖出，这才是散户赚钱的核心方式。不要奢望涨停板属于你，那是可遇不可求的，是投资的最高境界，可不是每个人都是幸运儿哦。

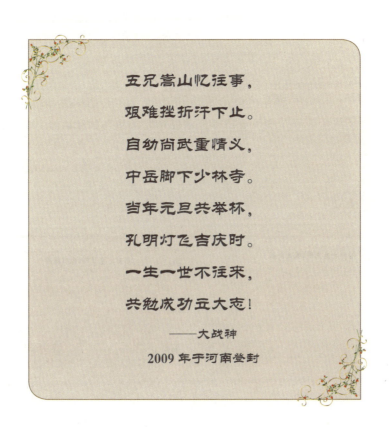

五兄嵩山忆往事，
艰难挫折汗不止。
自幼尚武重情义，
中岳脚下少林寺。
当年元旦共举杯，
孔明灯飞吉庆时。
一生一世不往来，
共勉成功立大志！

——大战神

2009 年于河南登封

射击之星
见顶K线

主力在进攻过程突然加速拉升，但是很快就失败，在K线上留下长长的上影线；之后就再也没能够组织如此漂亮的进攻，股价开始滑落，越来越低，在K线趋势上仿佛是有人在持弓射箭，这个箭头做完后就如箭头已射出，之后只有很深的下跌，不断的破位，这便是K线组合里的射击之星。

买进时机掌握得好，不如卖出时机掌握得巧；只有卖出适时，才能切实获利。

——股市格言

这是预示后期将下跌的技术图形。形态见图 3-7：

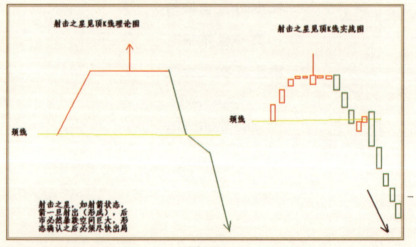

图 3-7

下面结合案例来说明该技术。

案例 乐山电力 600644

在该股拉高出货过程出现了射击之星见顶 K 线，之后股价便是一路下跌。持有该股的投资者最好的卖出点是射击当日盘中高点，但是实际操作中却几乎无人可以准确把握到这个高点。卖出的第二个机会就是射击后的小平台破位之日可以止损出局。见图 3-8：

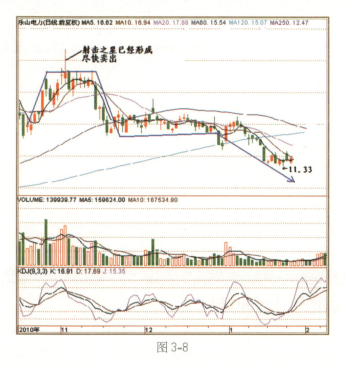

图 3-8

只有丰富的市场阅历的人才能尽量减少损失。而只有减少损失，才能保护资金，才能在后面市场走好的时候有本金去大量做多赚钱。大势不好的时候，做错的时候，股票破位的时候，最好的办法就是大战神的"空仓"操作。只拿着现金，不拿着股票，随便它怎么样跌，损失都不会发生。实际操作中，很多投资者过于自信，太相信自己能够在普遍走坏的市场或者走坏的个股中把握到合理的买卖点，结果大部分是交了学费。射击之星，见顶的一个信号，今天你学了，以后遇到的时候就应该注意控制操作的风险，早点卖出股票，少些损失。

缓和圆弧顶
°K线

　　大部分情况下市场的顶部都是不容易判断的，顶部具有很强烈的迷惑性。对于一般的投资者来说，如果想准确判断市场顶部，首先要保持足够的精力，反应的速度要快，同时要准确。顶部知识中有这样一种悄悄地进行却一直在收缩阵地的方式，就是缓和圆弧顶K线。下面结合案例具体展开学习。

　　股价处于盘旋阶段时，不管是高档盘旋还是低档盘旋，最好的做法是静观其变。

——股市格言

案例　包钢稀土 600111

　　该股自 5.66 元大底部一路上涨，当股价拉到 96.30 元，盘中获利盘丰厚，抛压加大时，聪明的主力使用了非常巧妙的圆弧顶K线趋势来完成筹码转移和兑现。见图 3-9：

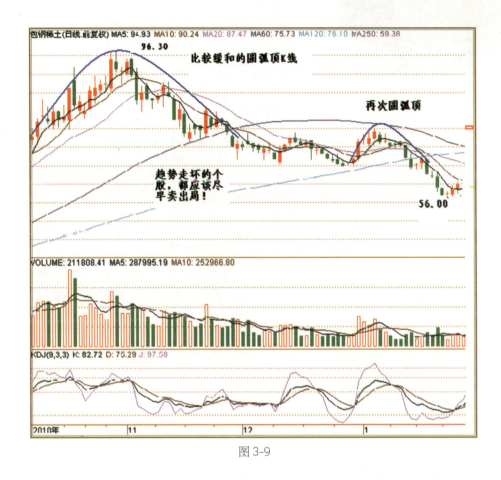

图 3-9

　　从该案例看，该股进行了 2 次中等规模的缓和圆弧顶 K 线出货。成交量也整体呈现了规模式降低。股价由 96.30 元回落到 56.00 元。持有者却仍然有很多人没有意识到有风险存在并且持仓到底部区域才进行大幅度止损割肉，筹码在底部丢失，而没有能在顶部发现主力在出货，这就是圆弧顶对一般投资者的麻醉。我们操作的时候，应该做到设置止损线，比如股价跌 8% 就自动止损，这样做的话就不会发生股票被严重套牢而无法自拔的被动情况！同时持仓的时候一定要观察整体趋势是不是已经走坏，走坏的股一定要卖出。舍不得卖，不能接受亏损总会导致亏损发展到无法自救的地步，这可不符合大战神操作精神。

多重顶
°K线

股价的顶部是哪里？当局者迷，旁观者就一定清吗？我看未必。股市是一个大的练兵场，人们的各种缺点在市场中暴露无遗。大部分股票也给了人们很多次高点卖出的机会，然而可悲的是每次高点应卖出的时候，普通投资者幻想的却是要创新高，就是舍不得将手中获利筹码卖出去。贪婪的本性导致股票再次下跌，自己由赚钱到亏损，反复多次有机会赚钱卖出，却是贪婪造就了散户不卖同时主力在卖的局面。成交量自然由主力卖出时放量发展到股价再次被拉到高位却很少人卖出所以成交量很低，这就是市场实战与投资者心理巧妙变换的过程。

如果你持有的是一种此时你并不急切想买的股票，那么你就应该把它卖掉。

——股市格言

案例　四维图新 002405

该股拉升的时候提供了 4 次顶部卖出的机会，下跌发生之后也提供了 2 次反弹顶卖出的机会，但是真正把握好机会卖出的人非常少。相反在顶部买进的散户却非常多，这样踏反主力节拍的操作方式怎么会不亏钱呢？学习是非常有必要的，记住错误的操作，以后才可以预期成功操作，如果学习都不学习，我想这人一定会越来越亏的，亏了也不明白为什么亏，可能还在抱怨自己命苦呢！我们看该股的技术图 3-10：

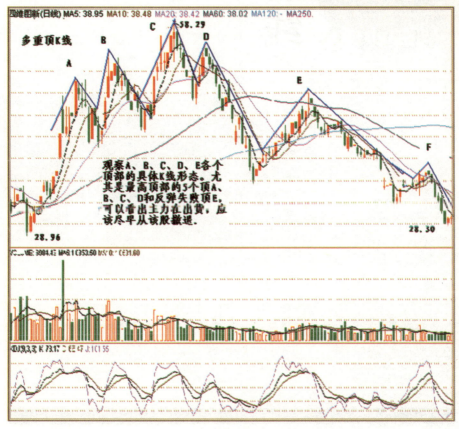

图 3-10

从图 3-10 中，我们不难看出主力为成功出局进行过 4 ～ 5 次大规模地拉高股价，投资者有 4 ～ 5 次顶部卖出筹码的机会。如果克服了任意幻想的心理弱点，保持每次拉高一段时间就卖出筹码的好习惯，那么累计起来的正收益是非常可观的。学习了多重顶 K 线，以后操作中遇到类似的情况一定要对自己说："为了很好的投资前途，一定一定不要贪心！"然后选择高点卖出筹码，把该赚的钱赚到手才是真的赚钱了。

成交天量
见顶 K 线

我们在前面几章的学习中知道了"兵马未动，粮草先行"的道理，也知道了其中的"兵马"就是股票的价格变化，"粮草"就是股票的成交量，也就是说参与该股炒作和交易的资金。那么我们就可以很好地体会到"天量天价"的道理了。结合案例我们再具体学习一次。

投资新手最容易在股价快速上升和出现高成交量时买进，然而此时相反的变动正要开始。

——股市格言

案例 华银电力 600744

啥时是顶啊?

有啥标志没?

我告诉你! 大多数人都看好时是顶，明显的标志是成交量达到天量!

即使当日不是顶，附近几日肯定也出现顶。如 600744 华银电力。

该股在顶部 9.50 元放出了巨大的成交量，换手率也接近 10%，随后的走势继续下跌，这就可以确定 9.50 元那天是天量成交量，后面要找高点卖出该股。见图 3-11:

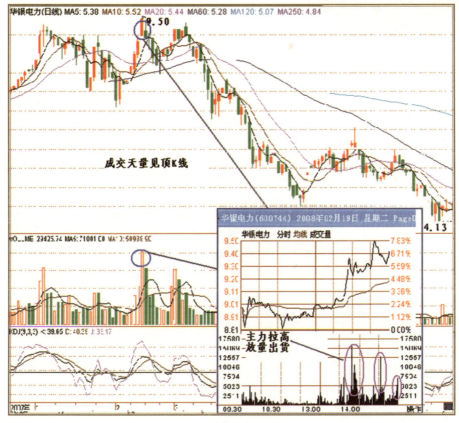

图 3-11

由图 3-11 可以看出，该股创出 9.50 元的当日放量全部是在下午拉高股价之后，这说明主力在拉高出货，而不是健康的底部放量，顶部缩量。之后的 K 线图无力再次组织大规模放量拉升股票价格，这也看得出该股主力已经在出局中。随后股价从 9.50元一直跌到 4.13 元仍然没明显见底。投资者在以后的操作中，再遇到成交量突然放大而无法持续多日放大的个股要小心，特别是结合之后几日确定下当日是天量成交的话就应该尽早卖出该股，离场是唯一正确的操作。这时候切忌去追买而应该是逢高卖出筹码。散户最容易判断反了，我们摒弃不学无术。

头肩顶
K 线

　　我们在上册第四章学习出货的时候也学到了这个头肩顶出货形态。在此作为顶部 K 线比较常见的情况，大战神再次拿出来与大家集中思路训练一次。以便大家更加深刻地认识到主力由加速拉高到回落休息，到再次拉高创出新高之后再次回落，然后再次组织对顶部的攻击却最终没能够创出比前高点更高的价格就回落，这一组合就是头肩顶形态，预示着后市下跌会陆续发生。下面我结合案例给大家学习。

　　不要以为自己可做到在股价最高点卖出，在股价最低点买入，这只是一厢情愿。

——股市格言

案例　华银电力 600744

　　我们还是使用华银电力这只股票顶部的案例来学习形态出货法中比较常见的头肩顶 K 线。该股第一次攻击出现一个顶 9.25 元，回落休息后再次创出新高 9.50 元，之后回落，不久再次组织第三次攻击达到 9.40 元，股价未能超过 9.50 元。随后股价却一路下跌，这就是头肩顶，我们必须时刻警惕。形态完成，K 线趋势走坏后我们就应该尽早卖出手中持有的该股而离场。见图 3-12：

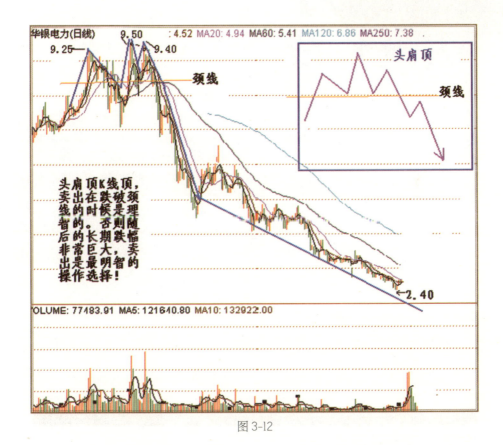

图 3-12

这样的顶部 K 线只要投资者学会画线一般是可以很快判断出来的。一旦这样的出货形态完成，之后股价会加速破位下跌，该股由 9.50 元跌到 2.40 元，不可谓不惨烈。如果学会记住这些典型的出货形态，遇到后分批卖出筹码离场该类股则可以减少很多不必要的损失。学会减少损失是很多投资者更加应该学习的技术技巧，这比学会如何选择股票更加重要。所以希望读者人在心在，认真学习，切不可只是走马观花浏览一遍书却不知道收藏好书经常学习，更不可以只是看却不去按科学的规律操作股票。买书一般是要学习的，不是收藏，所谓"书非借不能读也"那只是一种懒散的学习态度，我们不要学习这些不好的，我们应该学的是既买之，就学懂之。本小节的形态还可以延伸到其他很多 K 线形态出货法，自己要会举一反三地学习和使用股票技术技巧。不要做一个傻孩子只看就是学不会，那样的话你就可以离开股市！

断头铡刀
大顶K线

有种顶部听名字就很是吓人——断头铡刀。这是确实存在的一种顶部，是一种绝对叫人绝望和快速损失的出货走势。良好的上涨走势在断头铡刀的K线大顶中被彻底毁灭。遇到这种走势时，唯一的选择就是不惜成本卖出股票。

整体行情是国家政策与市场主力共振的产物，个股行情则是庄家的独角戏。

——股市格言

案例　时代科技 000611

股票为何会如此下跌？

庄家赚大了，想马上走人，或散户突然集中进货，主力筹码松动了。如000611时代科技。

该股飙升到顶部9.16元之后突然出现3根巨大阴K线，本来完美的上涨形态被彻底打破，这时候投资者应该做的就是彻底看空做空。卖掉股票，不再抱有任何幻想。见图3-13：

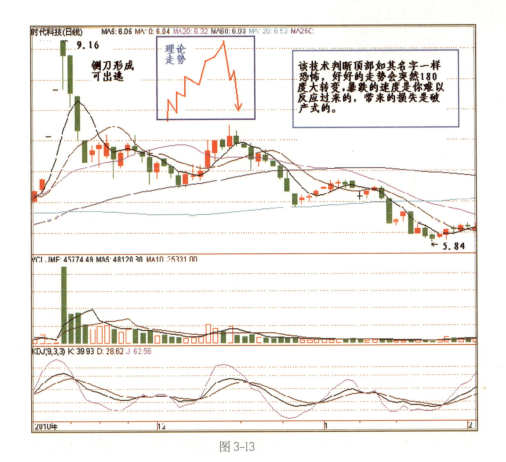

图 3-13

记住古人的一句话"胳膊扭不过大腿"。我们大部分都不过是普通的小散户，想在这市场里活下去，就一定要记住服输。也许你没能够把握到最高价格卖出获利的股，也许你是最高点才知道买进后就套住了，也许你是一个倒霉蛋，这时候都不要再犹豫，马上打开账户，卖出筹码！你做到了就可以减少许多损失，在下跌加速趋势中"少亏也是赚的"。记住了吗？操作的时候打开本书本章节，好好判断是否符合顶部形态的一般特征，符合的都要先卖出一部分筹码，尤其是符合本小节断头铡刀的形态就更加不可以恋战了，认输卖出吧。不要听信股评家的谎言欺骗，他们每天都告诉你买股票，股票有多么好，他们不会告诉你股票还有卖出这一操作，只有笔者才会直言不讳，将真正操盘知识告诉每个有缘看到本书的读者。学到知识，也要按着做到！

高开低走

绝望顶 K 线

股票叫人绝望的 K 线何止断头铡刀，还有一种叫做"高开低走绝望顶 K 线"。这名字有点长，是笔者自己取的，想到的就是简单直接，没考虑太多，也不管好不好听了。这样的 K 线是如何形成的呢？就是主力利用各种利好消息制造大幅度高开的假象，之后一路下滑，当日收出高开低走的大阴线。这样的走势本质就是在利用利好消息高开出货，操作时最好的方法就是随着主力在高开的时候卖出，否则你持仓的话后面会继续跌很多天，损失会加大到你更绝望以致悲恸的地步。早点卖出吧。

巴菲特投资三大法宝：安全边际、复利（滚雪球）、特许经营权。

——股市格言

案例　通宝能源 600780

该股的主力是吃煤炭长大的，喝的是石油，所以心也是黑色的，五脏六腑都是黑色的。该主力非常擅长搞出高开然后当天就低走，收出绝望大阴线，对于正常持有该股的大小股东造成悲壮的局面，所以我说他黑嘛。在实际操作的时候，遇到它高开后无力继续上涨的时候应该选择卖出。不要有幻想，就不会有绝望。绝望的人都是幻想多的人，你总是幻想它还可以高开后继续突破，你幻想的是加速上涨，所以你不会在已经高位的价格卖出，你要的是不存在的更高位置，这是不现实的，所以不卖出是绝对的错误操作。该股高开当日伴随着突然放大的成交量，这也是其在出货的市场表现，我们有必要跟随卖出，这是理智的操作。我们看它的技术 K 线图 3-14：

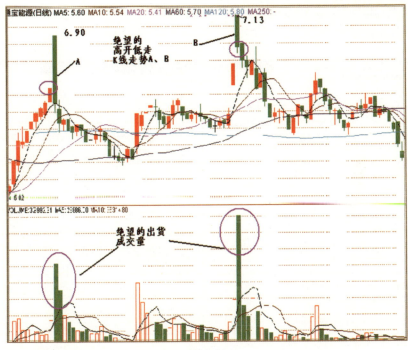

图 3-14

该股在 6.90 元和 7.13 元分别制作了 A 和 B 这两次高开低走大阴线，我们看下 A 顶的大阴线是怎么样发生的。见图 3-15：

大阴线 A：

图 3-15

我们再看下 B 顶的大阴线是怎么样发生的。见图 3-16：

大阴线 B：

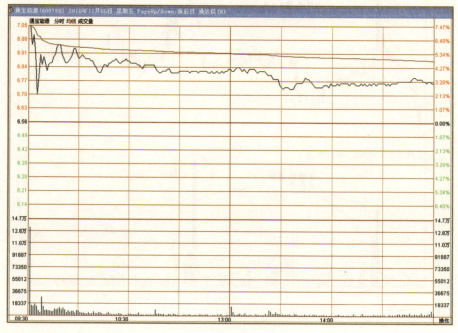

图 3-16

经过 A、B 大阴线出货之后，主力无股一身轻了，此后该股便是一路下跌，几个月后才见再次上涨。参与该类股票是错误的，因为主力在顶部已经利用高开走人了，投资者应该空仓等待该股价格的理性回归，在大底部再参与进去，做波段操作。通过这节的学习，我们知道了遇到这样的情况应该怎样做。大战神建议至少你应该跟随失败的高开卖出一半的筹码，留下另外一半继续观察该股是否是做大阴线洗盘而不是真正出货，这样的可能也是存在的，只是概率很小，还是高开大阴线出货的多。

越岭翻山冬，

棘草伴青松。

故人多安在，

深切望天空。

鸟隐鸣叫重，

登顶起飓风。

环看人间小，

独坐寰宇中！

——大战神

2010 年 1 月 31 日于云南丽江

震荡筑顶
°K 线

有很多顶是在反复构筑中完成的，类似于久攻不下的 K 线形态，技术派的投资者很容易被迷惑，他们会错误地分析认为这是箱体整理，之后会选择加速突破上涨，但是却忽略了主力在做顶这个真实的操作情况，所以错误的技术派只会坚持拿股，不会考虑卖出。大主力刚好利用了这点开始了"反技术操作"，执行的是逐步在顶部震荡卖出筹码。这种出货方式比较难以辨别，因为有时主力也确实会在上涨中途进行大箱体整理，之后再选择突破向上。但是我们可以从主力走出的破位的现实来加以确认主力到底想做的是什么。

判断主力资金是否出走或者是否有出走意图的几个判断依据：其一是换手率超过 10% 警戒位，其二是成交量比最近交易日持续放大几倍，其三是技术破位，其四是无量阴跌替代放量暴跌，典型的破绽就是每次的反弹都走不过前期高点。

——股市格言

案例　西安旅游 000610

该股的主力做了很久很久的箱体震荡，确实是难以分出是在蓄势还是在悄悄出货，我们只有等待箱体突破的时候再做出最后的操作决定。那么该股箱体震荡在最后还是选择了向下突破，破位走势当天我们就应该确认最近几个月以来的箱体是主力在震荡出货，所以策略上马上可以由持仓变为卖出，见图 3-17：

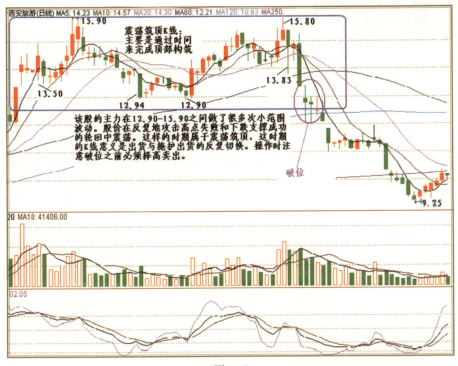

图 3-17

卖出在图中"破位"的时候是正确的操作。之后的一路下跌可以告诉你做对了，这是理智的操作。如果在"破位"处再有幻想，那就是最愚蠢的思路了，会带来错误的惩罚——被套＋亏钱。

散户：顶都长啥样呀！

庄家：叫你看不出来是顶的样子啊。

散户：具体说呢？

庄家：好看的样子！不能感到危险的 K 线样子！

十字星压力
顶K线

股市在上涨期出现十字星，可以说明什么问题呢？不外乎两种情况：A．上涨休息，空中加油机，之后会加速暴涨；B．上涨乏力，接近顶部，随后会开始暴跌（如果在下跌期发生十字星可以理解为下跌尽头或下跌中继，这与上涨期的十字星是不同意义的）。本章节学习的是顶部K线，所以主要学习的是第二种情况，也就是"上涨乏力，接近顶部，随后会开始暴跌"。股价接近顶部之后，上涨力量减弱，盘中会出现十字星K线，预示着顶部多方消耗能量过大压力加大，空方开始组织反击，所以在K线上收出了十字星。我们应该结合之后发生的情况做出正确的操作。如果随后不跌可以继续持仓等待，如果十字星后下跌，我们就应该卖出手中筹码。

永远告诫自己，不要做最早的买进者，也不要做最后的卖出人。

——股市格言

案例1　美国白银

国际白银在2011年初加速暴涨，多头上涨已经有压力，收出了两根压力十字星，随后便发生了空方大反击，罕见的暴跌，如果多头不平仓止盈会损失惨重。见图3-18：

图 3-18

技术是非常有作用的，尤其是在相对规范的国际期货和重金属市场，市场中最反映技术的就是 K 线，这两根十字星 K 线已经预示了顶部的来临，如果投资者的技术达到一定的程度是可以判断出来，尽早做出反向操作准备的，做对了还可以多赚一波做空的巨大收益。

案例2　上证指数

　　十字星压力顶K线在研判指数的时候更加有效，非常准确。我们看一下上证指数 2011 年 4 月份冲高到 3067 点前后发生过的多次十字星K线，大部分是带来了下跌，后面下跌中期也出现了多次十字星K线，之后继续跌，那些是下跌中继K线。我们需要特别学习的就是顶部区域的几根十字星压力顶K线。见图 3-19：

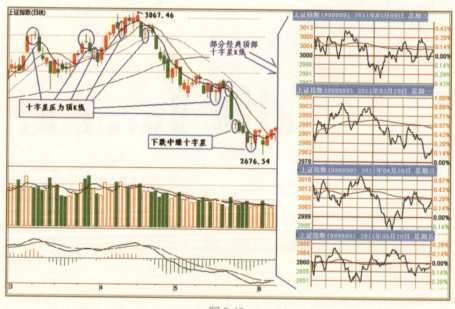

图 3-19

散户：炒股太累！

庄家：不想玩了吗？

散户：可走不开！这东西上瘾！

庄家：哈哈，你走了，我套谁去呀？别走，明天送你一个反弹。

市场上涨已经乏力，多头消耗过大，在 K 线上必然有所体现，而十字星是力量衰竭的最好表现，也是多空双方战斗到胶着状态的最好说明。当出现十字星 K 线的时候，大部分是可以代表多空双方力量在当日达到平衡，各自都没能取胜，所以一个趋势很可能被改变为相反的趋势。要注意的是上涨或者下跌趋势中的第一根十字星一定是中继，上涨中继或者下跌中继，不会是趋势改变的信号，但是后面的几根十字星 K 线就很可能或者说是一定会改变当前运行的趋势方向，随时做好趋势往相反方向运行的操作准备，这是我们必须做的准备！

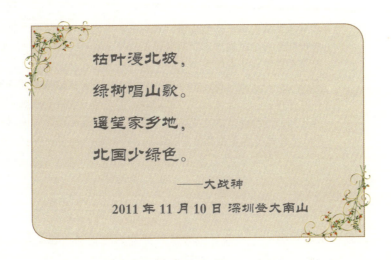

枯叶漫北坡，

绿树唱山歌。

遥望家乡地，

北国少绿色。

——大战神

2011 年 11 月 10 日 深圳登大南山

倒锤型
。砸顶K线

锤子，大家都应该认识吧？由一根木柄加一个大大的锤头组成。在K线中有一种形态就是锤子，特征为带有长上影线却不带有下影线的阴线（也可以是阳线实体）小实体K线，它一定要有上影线，而且必须没有下影线。在盘中的意义代表着当日分时走势中发生过冲高的过程，但是收盘是收在了当日最低价格（注意：如果是阳线实体的锤子，收盘价格就不是当日最低价格，而是距离开盘价格不远的价格，但不是最低价格）。该形态出现在股价处于高位时期可以预示股价上涨冲高失败，将要发生下跌；如果是在市场的底部趋势中，可以预示该股在拉高试盘，试探拉高时会遇到多少阻力，所以在底部发生锤子K线后很可能会发生拉升行情。这是要区别对待的。本章节只学习股价已经拉升一段之后的相对顶部区域，否则就不是顶部K线分析了，其他的底部K线这里就不再具体展开学习了。

股市的规律就是这样的，大势好的时候，所有的负面消息都会缩小或漠视，而大盘一旦出现下跌的时候，所有的利空都会放大。

——股市格言

案例1 期货棉花1109

期货棉花在2010年上涨了一年，2011年冲高到年初的34870美元/手时做出了一个"锤子"形砸出了顶，之后多头被空头一路打击，价格下跌很多。多方损失惨重，追高买入的人损失更加惨重。见图3-20：

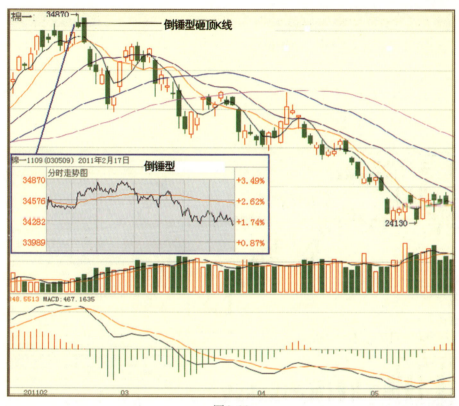

图3-20

在上涨一轮又一轮之后,倒垂的锤子注定是不好的,是市场方向将要反转的标志,操作的时候注意风险。一旦趋势果真走坏则尽早做出相应的空头操作策略,卖出手中的筹码,或者参与做空。

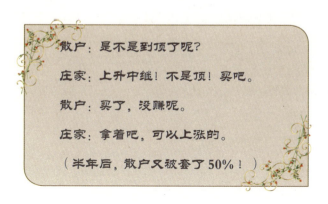

散户:是不是到顶了呢?

庄家:上升中继!不是顶!买吧。

散户:买了,没赚呢。

庄家:拿着吧,可以上涨的。

(半年后,散户又被套了50%!)

案例2　武汉塑料 000665

　　该股的上涨见顶是锤子K线砸出的，之后的下跌过程也出现了两次反弹锤子继续砸死多头，保持了股价的下跌趋势。见图3-21：

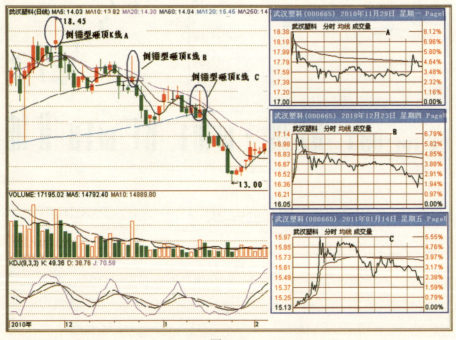

图 3-21

　　在K线趋势的研判工作中，一旦出现了锤子形K线，请务必谨慎了，反方向趋势可能会发生。那么当反方向趋势发生之后，再出现的K线锤子形K线大部分却是整个新趋势的延续。实战操作中一定要结合个股所处的位置是高位还是低位来研判。还一定要做的事情就是判断你分析的这根锤子是一个新趋势的第几个，这对整个判断结果很有意义。

上班那点事

困了躺躺——以避开领导耳目为前提；

乏了玩玩——以凑到美女旁边为目的；

批了放放——以不影响心情为宗旨；

下班逛逛——以避开加班为任务！

周末睡睡——以避开被骚扰而关机。

总之，上班闲开心，下班玩开心，周末睡开心，天天好开心！

我强烈建议每一个投资人都深入实践以上宝贵经验！做好投资心态训练，以应对变幻莫测的股票市场。

——大战神

2011 年于某次活动

阴云密布
见顶K线

股市的顶啊，人们千万种地猜测，可是当遇到了顶的时候却不认识它，反而独自幻想是回调，是洗盘，不要卖出，一系列错误的分析，与顶部卖出机会是擦肩而过，判断顶真的很难吗？对于身处其中的投资者应该是非常难的，这不要在事后再说什么位置是顶，走过了再说那叫马后炮，大家学技术就是为了更提前地判断出顶部，在最短的时间卖出见顶的股票，安全地持币休息。众多顶中有这样一种几乎没有丝毫技术含量的顶，就是一直跌，一连跌很多天。话说回来，一直下跌，这不就正是苦苦寻找的顶吗？但是处于其中的投资者是很傻的，很少有人看得出，这也就是"恋爱会降低人的智商"的道理吧，选买了股票的人一般是在和这个股"热恋"着，所以他们的判断是难以清楚的。这样的持续下跌，上涨不动，就是顶了，但是这样的简单顶很多人却看不出，跟着股价下跌而持仓，跌不明白，快停止下跌的时候方才明白了，于是持有者自作聪明地去卖出，殊不知现在也该跌到底部了，还有必要再割肉吗？早干吗去了？

下跌趋势里的红盘反弹都是贪婪者的坟墓。

——股市格言

案例1　国联水产 300094

下雨了，南方的梅雨季节，北方的连雨天，没完没了的雨，没完没了的阴跌，这样的顶部K线大战神归纳为"阴云密布见顶K线"。这样的K线对人是一种中毒式的消耗，使人看不到大跌，想不到害怕，拿得住垃圾股，做了庄家大哥眼里的纯傻子，这是主力放毒给投资者的必然结果。见图3-22：

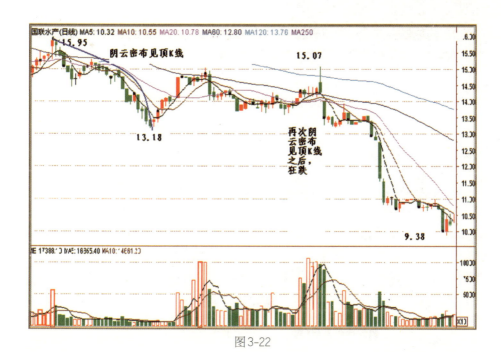

图 3-22

　　投资者在后面的操作中，如果遇到这样持续下跌的高位股票，请一定要冷静分析下该股是否主力已经获利丰厚，那么主力在这位置可以出货吗？出货的话他有很多钱赚吗？如果回答都是肯定的"是"，那就不要再持仓了，抓紧卖出，走人吧。这样的股下跌缓慢，后面组织反弹时也是缓慢的，反弹之后大部分这类出货的股都会再次大幅度地下跌。

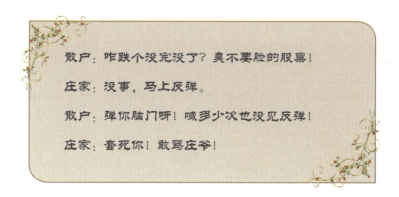

散户：咋跌个没完没了？臭不要脸的股票！

庄家：没事，马上反弹。

散户：弹你脑门呀！喊多少次也没见反弹！

庄家：套死你！敢骂庄爷！

案例2　精对苯二甲酸PTA1109

　　这是郑州商品期货的工业品期货,在12508元见顶,之后开始持续阴跌,麻醉观众。大家回头一看便很明白了:这不就是持续阴跌K线顶吗?选择卖出吧,不要再做愚蠢的傻多头。见图3-23:

图3-23

　　工业品PTA比股票市场涨跌来得更快,操作的时候一旦趋势不对劲,投资者应该尽早选择对策,不要像对待股票一样先麻醉一会,再分析怎么样;期货市场上的品种大部分是乘你想操作的时候主力已经反手做多了。持续阴跌,必然有不可告人的事情,或者是趋势彻底走坏,都是应该选择卖出股票的。

八百里路上滇川，

沟壑云松真情恋。

险境绝地压不垮，

缺氧断粮若等闲。

马驮轿载漫雪山，

电车徒步踏草原。

牛奶五色都是海，

九人同行攀高岩。

人生苦短何足惧？

征战还需意志坚！

——大战神

2010 年 8 月 13 日征战藏区亚丁神山

强弩之末
触顶 K 线

学过简单物理学的读者都应该知道这样一个道理，也就是说一支箭射出去之后，开始力量最强大，然后是逐步减弱它的射击冲力，直到这个力衰竭而倒在地上停止前进。那么在股市里同样存在这样的动力惯性原理，股票上涨的冲击力在开始的时候最强，到了后面冲击力减弱，直到越来越小，小到消失，也就停下来，这在 K 线学里，大战神归纳为"强弩之末触顶 K 线"。

跌的时候死捂不舍得抛售，涨的时候却只怕股票随时大跌跳水，成天患得患失，这样的心态完全就是小散意识，这种心态对做好投资完全没有好处。

——股市格言

案例　上证指数 2007 年顶部 6124 点

2007 年，上证指数发飙一路拉升到了截至目前中国股票历史的最高点 6124 点。这一路飙升以来速度快得惊人，但是达到 6000 点以上的时候国内公募基金基本满仓了，各个大小机构也都是满仓或者高仓位。市场没钱了，而中国资本市场目前不成熟，大多数时候还是属于"资金推动型市场"，缺乏了足够的可用资金市场一定会涨不动。所以在大盘的日 K 线上就出现了很多强弩之末触顶 K 线，涨到极限了，后面酝酿着长期的深幅度暴跌。见图 3-24：

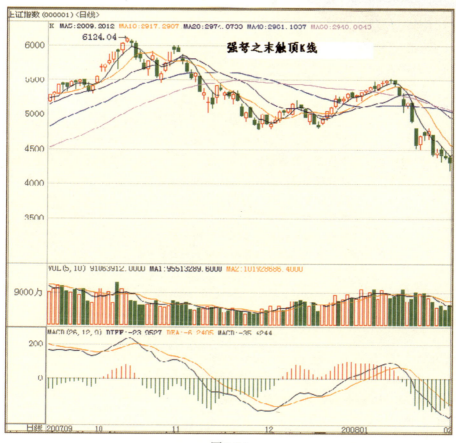

图3-24

　　强弩之末在上涨趋势中带来的是什么呢？是涨不动了，该下跌了。大盘随后跌了10个月，指数由最高6124点垂直跌到1664点，这就是强弩之末顶部 K 线预示的未来市场的高风险。所以我们一定要认真学习 K 线的顶部知识，包括这节看起来不很明显的强弩之末顶部 K 线，也要好好学习。很多个股都有这样的顶部，我们在实战操作中务必客观、理智，对于手中个股的未来走势切记不可主观臆断，一切在盘中都有答案。我们也要把一切研究的时间和精力都集中给要研究的个股或者大盘，顺着未来你分析出来的可能走的趋势去操作股票，坚定不移地按你的科学分析去执行操作计划，不可以自大，不可以忽视了强弩之末 K 线顶中的这个"量"（冲击力）的由小变强到最强、再变弱、直至消失的整个变化规律，从而做出正确的操作计划，执行好计划！

久盘成顶
K线

上涨不能，下跌也不能，多空双方维持胶着状态，对阵状态，这样的格局只是暂时的，终将选择一个方向突破，在股市的实战中，大多数是盘整后向下突破，加速下跌开始。这个久久盘踞对阵的形态我归纳为"久盘成顶K线"。它不同于强弩之末，因为强弩之末在见顶之前是处于进攻状态，而这状态是处于盘整对峙状态；也不同于箱体震荡顶，因为它并不构成任何箱体，只是K线价格极其接近，差距不大的用时间来盘整，在盘整中悄悄地出货。操作的隐蔽性更强，没有一定的时间是无法确定这样的顶部K线形态的。

长期上涨之后的利好，应该当利空对待；长期下跌之后的利空，应该当利好处理。这也是反向操作的重要理论。

——股市格言

案例　上证指数 2008 年顶部 5522 点

久盘成顶这样的情况多数发生在大盘或者跟风较少的强庄股身上，大盘由于牵涉太多的利益关系在里面所以起落的影响非常复杂也相对稳定。而强庄股由于筹码已经大部分被控制在主力庄家手中，市场参与热情少，交易少，价格变化自然不会大，多空双方容易达到势均力敌的均衡状态。本案例采用上证指数 2008 年顶部 5522 点的"久盘成顶"来分析，带大家认真回顾一下 6124 点之后上证指数在 5522 点盘局时多空双方的心理与最终暴跌的结果。见图 3-25：

图3-25

　　盘局进行了10个交易日，周K线呈现为近乎一样的小K线，日K线变化幅度也很小，盘局最终被空方打破，空方胜出，股价开始加速暴跌，一路狂跌，再也不盘了，空方的胜利正在被大幅度的下跌渲染着！这就是"久盘必跌"的见顶K线运行过程，没跌破盘局的期间多方是抱着再次组织上攻新高的幻想的，空方此时相对理智，他们认为没有只涨不跌的市场，所以一直做空，直到累积到一定的空方筹码，砸盘开始，市场情绪恶化，加入抛售的人越来越多，大盘指数跌幅也越来越大，市场的做空风险来临，投资者应该空仓应对。

出货后回光返照
顶K线

不要容许自己有投机思想形成，更不要做投机股，特别是新股民，一旦形成这样的习惯，会危害自己一生。

——股市格言

武术里有一招叫"回马枪"，说的是鏖战中，己方假装败退、逃跑，敌人必追，在敌人错以为胜利并且处于骄傲自大的时候，突然调转枪头，杀一个敌人不防备的回马枪，将敌人刺于马下，最终取得胜利。在股市战场上，也不乏动武学的庄家，他们在股票上涨中突然制造下跌，很多人错以为市场见顶开始暴跌了，所以争先恐后地选择卖出筹码，这期间做空的主力突然来一个回马枪，由下跌趋势马上调转为上涨趋势并且可能创出新高，将做空的人全部搞得后悔至极以至于才低价卖出筹码又急于高价格买回筹码。然而就是在此时市场空方再次开始做空，将方才低价卖出又高价买回的投资者一网打尽全部套在山顶，主力庄家这样的坐庄过程大战神称之为"出货后回光返照顶K线"，也可以叫回马枪顶K线。回光返照格局简解见下图3-26：

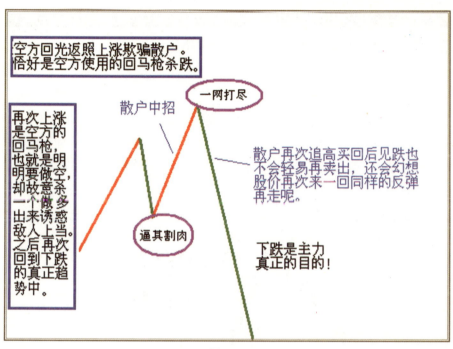

图3-26

记住这个回光返照出货方式，以后要减少卖出后再次错误买入的操作，愚蠢的操作会叫出货主力笑掉大牙的。

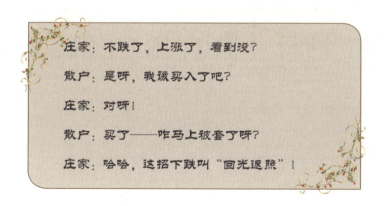

案例 上证指数 2009 年顶部 3478 点

在 2009 年上证指数见顶 3478 点之前, 先见了一个顶 3454 点, 然后股票大跌, 很多人当日卖出了, 所以成交量当时出现了天量。但是主力马上再次拉起, 连拉 4 天, 吸引当日卖出的普通投资者再次信心百倍地高价买回筹码, 就这样一个回光返照, 大盘被追高到 3478 点, 之后一路暴跌。暴跌之初期, 主力顺利出局, 散户却因才买回来, 又担心再次上主力洗盘的当所以大部分不卖出, 导致严重被套。见图 3-27:

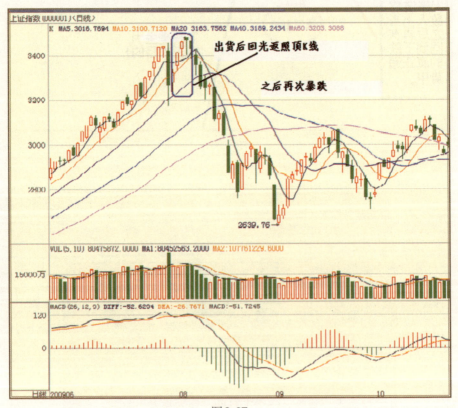

图3-27

　　类似的出货方式是很容易叫人上当受骗的，操作的时候，请理智对待，把握不准可以少量仓位参与进出，不要满仓。这是忠告，满仓会导致心理承受不起，心态会被反复的跌又涨，涨又跌而打乱，导致判断越来越失误，投资会损失惨重。

才子傲立气如虹，

佳人尊侯义当空。

小弟功名成就时，

大哥斟酒满一盅。

——大战神

2010 年祝贺朋友生日

"股票"拆字：月几又西示，
按古人由右至左顺序读为"示
西又几月"，大战神解释为："股
票"二字表示"西方泊来的事
物"；又是几个月才能有一次
投资机会？买入后又要持有几
个月才能赚到钱？

强打精神
顶K线

网络上有一句话我印象非常深刻，怎么说来着？哦，是这句话"再穷，也要站在富人堆里"。就是要这样的自信，这是很难能可贵的心态，呵呵。在股市操作中也时常会遇到这样的情况，主力明明是拉升不动了，想的是出货，却故意把K线做成为看起来强势的阳K线，其实却是在偷偷地卖出手中的筹码，这样的出货方式，笔者归纳为"强打精神顶K线"。操作中遇到这样的顶部K线之后，暂时是不能做出最准确的分析的，必须耐心等1～2日，看之后的K线是否继续强势，如果是则可以继续持仓，如果不是继续强势反而下跌破位，就可以确定那天的阳线是假的，是强打精神顶K线。我们应该做的就是不计成本地卖出手中股票，不要跟随下跌。当然，操作的时候要考虑当时个股或大盘所处的位置是顶部、中部还是底部，处于不同位置对于操作策略和操作方式都是不同的。

把所有的亏损案例做个比较，做个分析，我们会得出一个结论，操作次数越少，越懂得逢历史低位买进者，越能够在股市中赚大钱。只要他一生将这个简单的、正确的操作方式重复下去，其资本增值速度会快得惊人。

——股市格言

案例　上证指数 2010 年顶部 3186 点

当上证指数攻击到 3186 点的时候已经略显疲态，在 K 线上留下了长上影线，之后市场果然由强转弱，急速下跌，这就是强打精神顶 K 线，我们应该抓紧卖出股票。见图 3-28：

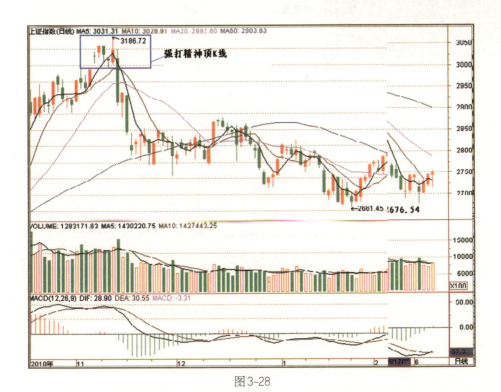

图 3-28

结合强打精神顶 K 线进行随后的跟踪分析，随后的走势决定对这个假阳线的确定性。如果是真正上涨阳线我们不可以冤枉人家，应该跟着做多，如果确定是装出来的阳线，那对不起了一定要做空。只有卖出是正确的。

散户：庄，你死了吗？没力气拉票！

庄家：好，我拉！

散户：真的上涨了呀，看来你是缺骂！

庄家：哈哈，俺强打了一个精神拉一下而已！

散户：完了，完了，又是一个顶部大套！

温水煮青蛙
顶 K 线

　　缓慢地下跌，要易于急速地下跌，这样持仓的普通投资者是不容易发觉下跌已经开始，也不会察觉危险已经来袭的。这就是温水煮青蛙顶K线，煮熟了，知道是危险也已经晚了，主力出货的目的也就成功达到了。对于这样的顶部，我们需要做的就是防患于未然，设置好止损位，到时候按纪律卖出筹码，机器人炒股比赛为什么会赢过人呢？就是机器人可以严格按设置好的盈亏程序执行操作，而人会随意改变正确的计划，这是一个道理，一个我们要引起反思的道理。

　　就算你掌握了万千理论和技术，可是，你不懂得休息和调整，只知道义无反顾地满仓杀进杀出，最终的结果都是不好的。当每一次市场萧条的时候，精选一只股票操作，不想翻番都困难。做大趋势，还要有大智慧和大谋略。

——股市格言

案例1　上证指数 2011 年上半年顶部 3067 点

　　上证指数的分析比较符合技术技巧，所以在众多技术高手和普通投资者一起盯着研究的大盘K线里经常发生"温水煮青蛙顶K线"。很多聪明的机构经常也难逃被套，因为他们也是温水中煮着的青蛙。见图 3-29：

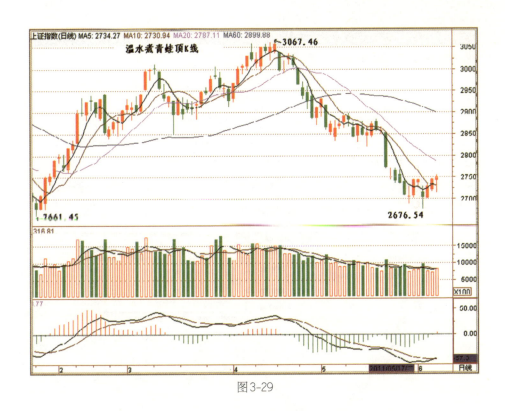

图3-29

温水煮青蛙，是一个很难察觉的顶，必须按严格的止损纪律来执行，否则是无法躲开的。这是没技巧的技巧。

庄家：这次套住没？

散户：套了，但这次我不怪你！怪我没觉悟过来！

庄家：呵呵！怪谁都没用！

散户：真难做啊！头已炸！

庄家：建议你空仓去旅行！调整下自己！

散户：哪还有钱？为什么被套的总是我？！

案例2 上证大盘5年顶

从2007年至2011年，之间历经5年的市场顶部走势变化，市场向下的运行规律非常明显，我们可以看到指数是一直在降低价格重心，整体趋势呈现下跌盘跌浪。但是每年的顶部几乎都是非常温和地完成着，普通投资者很难发现主力在构筑顶部，这种可以整体看成为"温水煮青蛙顶"K线走势，现在是回头看都很容易看出来当时的情况，然而处于其中的人很难区别是顶部还是上涨蓄势，整个5年下跌见图3-30：

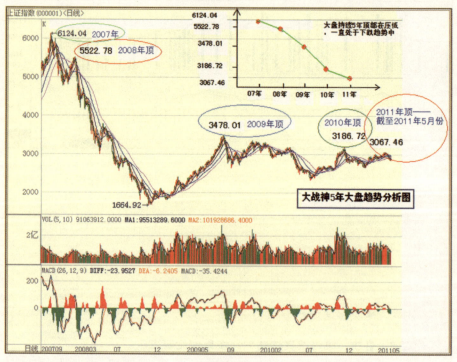

图3-30

这是一个大的牛市到熊市的轮回，2007 年中国股市冲高到 6124 点，这是不符合中国经济增长的泡沫发展，随后的 2008 年借口世界金融危机（实际我看就是中国股市泡沫过大需要挤兑下）回落又落得过低，2009 年恢复性上涨，2010 年小幅度反复，2011 年更小幅度地反复盘顶，整个市场处于温水煮青蛙阶段。参与的人在 2009 年之后的 2010 年和 2011 年都是很难获利的，这是温水煮顶，参与其中的人资金越来越少，波段难做了，牛股虽然有但距离自己却是越来越远了。这些年我都在市场中，见证了市场难以操作和难以持续获利的事实。这就是一种历史轮回大顶，肯定难操作了。以后盘出了这个轮回，市场会再次走牛，当然走牛之前市场还需要一次大幅度破位下跌，这样才能走出像样的持续牛市行情。遇到这样的"温水煮青蛙顶"，应该减少操作，多看少动，这就是最好的操作方法。市场本来微小的获利机会是不会属于你的，这期间应该加强学习，多多学习，等待市场以后发展到牛市时才能好好操作大行情，多赚钱。

至此，本章顶部 K 线的 20 种形态已经全部讲解完毕。大家记住你需要做的是什么？你需要做的不只是走马观花地看看，而是对每一种顶部 K 线深入学习，牢记于心，在市场中去找寻更多的案例，做到扎实的技术累积，踏踏实实地学习，兢兢业业地实战，对顶部产生自动的敏感反应，并且操作卖出或者降低仓位，以应对市场巨大的顶部回落风险！

这里要送给大家的是我技术的核心理念："短线＋空仓"！这才是应对各种顶部的不变方法，在可以操作的时候短线进入，市场确定了顶部之后我们就义无反顾地坚持空仓，卖出股票，持币观望，绝对不盲目参与才见到顶或即将见到顶部的股票。认识了顶，就要敬而远之！

第四章

特殊 K 线
的一般特征

事物一般可以分为共性和个性这两个方面，这是符合科学分辩证法的观点。本书在研究 K 线知识方面是很详尽的，前面几个章节重点地研究了常规 K 线的概念、基础、特征、一般规律与一般技巧，那是属于共性的研究；本章与前期有所不同，所研究的重点是特殊 K 线的一般特征，也就是 K 线的个性。在市场发展的进程中，K 线由简单发展到目前是极其复杂，尤其是股指期货推出之后，K 线变化更加神秘莫测，似乎过去的很多规律到了现在都不很适合，也就是说过去的 K 线经验到现在市场里有时候感觉不太灵了。所以我们必须认识新的 K 线，学会新的运用技巧，争取灵活自由地应对市场一切新的挑战。

超强震荡
上升 K 线

　　股市可以洗盘，洗盘可以采取震荡的方式，然而 2011 年之后的市场震荡变得异常激烈，新花样频出。本节学习下超强震荡上升 K 线，看看主力是如何运用超强震荡以达到清洗浮筹的目的，学会了以后你要踏准主力洗盘和拉升的节奏对市场投资的标的进行正确的操作，做到从容不迫的超强发挥。

　　如果总是慢半拍，跟在别人后面亦步亦趋，即使能获利，也十分有限。

——股市格言

案例　新五丰 600975

　　为上升，一定是要洗出些血的！主力是什么人？是职业研究如何套利的，凶残是本性,他们是散户的天敌！散户持仓一定要想办法将其震出去,如600975等散户出局，马上启动行情，使之买不回来。

　　该股结束了建仓过程之后，趋势便向上发展起来。但是拉高过程并不顺利，一路遭遇多次超级强烈的震荡洗盘，好在最终股票是向上了。

　　具体情况我们看下图 4-1：

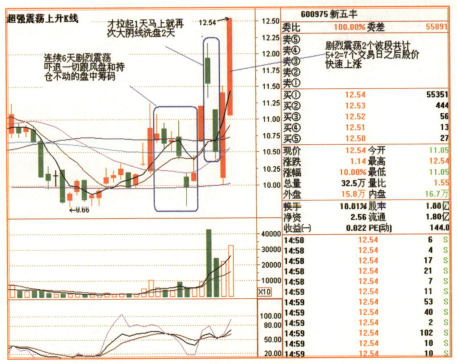

图 4-1

　　我们看到，该股的震荡是非常剧烈的，才拉升一步马上跟出来连续6个交易日的疯狂洗盘，我想参与者应该筋疲力尽，彻底割肉远离该股了吧。随后该股像疯子一样拉起，而且拉的是漂亮的光头光脚大阳K线，很多投资者想买都买不进去，只好次日盘中再追高买入，不料次日的追高又中了主力的下怀，马上来一根高开之后冲高回落收跌的中阴K线。到这里，故事才进行一半，回到盘面继续看，大跌了2日，人们彻底绝望离场，不想被这样的垃圾股伤害。可是就当股民普遍离开之后，该股却低开高走收出漂亮的大阳K线，次日是一个继续上涨的涨停板K线。如此经典的超强震荡上升K线是罕见的，对于以后的拉升行情来说，这也是有效洗盘和良性洗盘，只是参与者大部分受不了折腾所以损失惨重，而且我估计这些人啊，肚子都气炸了。

除权后180度
大转弯K线

除权即新的股票持有人在停止过户期内不能享有该种股票的增资配股权利，就是把流通股东（在全流通市场中，其实只有股东这个概念）获得的权益从股票市值中扣除。所以不仅送、转、配股要除权，而且红利也要除权。

在大家都准备买进时你先买，在大家都准备卖出时你先卖。

——股市格言

上市公司实施送股、转增、增发、配股、回购注销等，都可以引发除权。其中，送股和转增是比较常见的会导致除权的情况。

除权一方面可以更为准确地反映上市公司股价对应的价值，另一方面也可以方便股东调整持股成本和分析盈亏变化。一般情况下，上市公司实施高比例的送股和转增，会使除权后的股价大打折扣，但实际上由于股数增多，投资者并未受到损失。除权对于股东而言影响是中性的。

然而，上市公司通过高比例送配等方式将总股本扩大，将股价通过除权拉低，可以提高流动性。股票流通性好的上市公司，如果业绩优良，往往容易得到机构投资者的青睐，这在实施定向增发和后续可能实施的融资融券业务中都是重要的因素。

除权后，如果不进行复权处理，上市公司的股价就会形成一个较大的缺口，使K线和技术指标都出现不正常的变化，不利于投资者进行技术分析。不过，在一般的股票分析软件中，都有对K线进行复权的选择操作，并分为前复权和后复权，有的软件为下复权和上复权。所谓前复权是指将上市公司历史股价按除权后的价格进行调整，就是将除权前的市场数据也进行除权处理，使股价走势具有连贯性，便于投资者分析目前的股价和历史相比的累计涨跌幅。所谓后复权是指将现阶段的股价按除权前的价格进行调整，就是将除权后的市场数据换算回除权前的价格，而且股价走势连贯，便于投资者按照除权前的成本分析目前的获利幅度。

上市公司的股票价格进行除权后，投资者往往对填权抱有乐观预期。实际上填权不是必然的。除权后上市公司的股价是否回补除权缺口，关键在于其每股价值是否得到提升，以及整体市场因素。所以，投资者对于上市公司的除权，要理性分析其原因，以及对股价的影响，对于填权行情不可过于迷信，更应看重上市公司的投资价值。

也就是因为除权，很多股票价格发生了 180 度变化，大部分是除权之前涨势牛，除权之后熊开始。我们看案例。

案例 1　康恩贝 600572

该股上涨非常迅猛，连续阳线拉抬股价，很多人跟风买入。但是 2011 年 4 月 25 日该股进行了如下除权——

分红扩股：2011 年以总股本 35180 万股为基数，每 10 股派 1 元（含税，税后 0.7 元）送 2 股，转增 8 股，登记日：2011-04-22；除权除息日：2011-04-25；上市日：2011-04-26；红利发放日：2011-04-29

除权之后，股价开始下跌，短线短短几天从除权后最高 14.76 元跌到 10.48 元，跌幅巨大。见图 4-2：

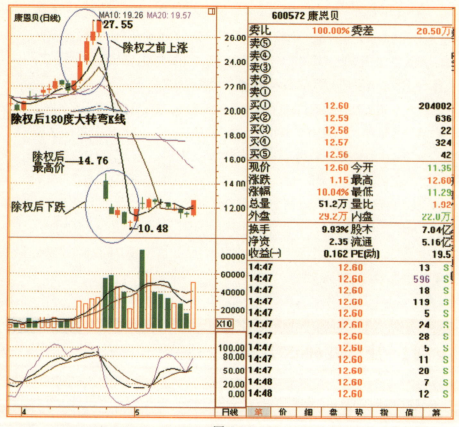

图 4-2

对于大部分弱市除权的个股，一定要小心，大盘环境弱，个股再分红扩股，数量增加，供应大于需求价格必然下跌，加上弱市里投资者信心一般会下降，所以弱市除权的股票大部分是下跌的。

散户：你当年的风采呢？力气呢？

庄家：用在除权前了！

散户：除权后搞死我们小散了！够狠！

庄家：没法！风险自负！愿赌服输！

案例 2　冠豪高新 600433

　　该股在除权之前，走势稳步上涨。见图 4-3：

图 4-3

散户：俺下辈子做庄，除权前跌，除权后再涨！

庄家：顶你，了不起！

散户：比你们有良心！

庄家：有用吗？除权前不吸引眼球，之后难出货的。

持仓该股的朋友一定是不想卖出筹码，都在想参与随后的分红送股。我们再继续看该股除权后的走势，见图 4-4：

图 4-4

这就是除权后 180 度大转弯 K 线，除权之前走得再好，也不要盲目幻想除权后可以填权，那是幻想，只有个别强势股票和特别强势的市场才容易出现除权后再次上涨，甚至填权的走势。

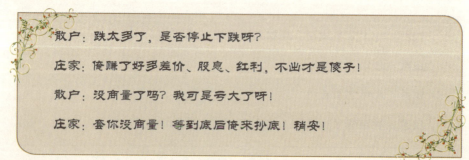

散户：跌太多了，是否停止下跌呀？

庄家：俺赚了好多差价、股息、红利，不出才是傻子！

散户：没商量了吗？我可是亏大了呀！

庄家：套你没商量！等到底后俺来抄底！稍安！

　　除权前与除权后都可以保持强势上涨的少数股也是存在的，比如包钢稀土600111，该股由于2010年至2011年稀土价格的上涨而发动了跨年度行情，除权前上涨，除权之后继续上涨。见图4-5：

图 4-5

　　这样的强势个股是存在的，只是少数，按概率说这样的除权前后可以保持360度转弯走势的不多。大部分是180度完全相反的转弯。对待除权股票的短线操作需倍加小心。

　　散户：俺参与除权后股票是想着填权的。

　　庄家：想都注好了想。

　　散户：亏我认了，你告诉我为什么会亏呀？死个明白。

　　庄家：好！弱市最好不参与除权，牛市可以大胆参与！

火箭基地
弱势筑底K线

股市是一个有趣的战场，有时看股市K线就会看到"火箭""导弹"等军事图形，很是形象。而这些图形的背后可是潜藏着诸多"军事秘密"，若要打赢这场战争一定要读懂基保的信息！千万不要只看热闹，否则会贻误战机的！

很多投资者在行情看好时，将资金一次投入，将力量一次用完；在行情看坏时，将持股统统卖出，这种做法，缺乏缓冲余地，以致常常坐失良机。

——股市格言

火箭，这是笔者总结的概念，可以分为两种情况的：A.带上影线无下影线的K线，表示着准备发射，还没有发射；B.带下影线而无上影线的K线，表示已经发射，继续升空中。同时火箭又可以分为上涨中的多方火箭，下跌中的空方火箭。大概情况，我用图来表示，见图4-6：

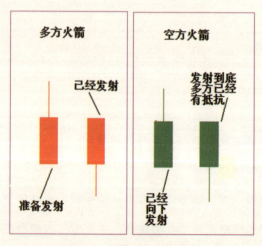

图4-6

　　每个火箭K线代表的意义是不同的，大家使用的时候可以作为技术参考，结合其他技术分析方法来判断和做出客观的决定。下面我们结合案例来学习火箭技术。

案例1　深深房 000029

　　该股在底部趋势长期盘局，但是准备了很多颗"地对空导弹"，随时准备发射升空，这样的情况是比较乐观的主力建仓迹象。见图4-7：

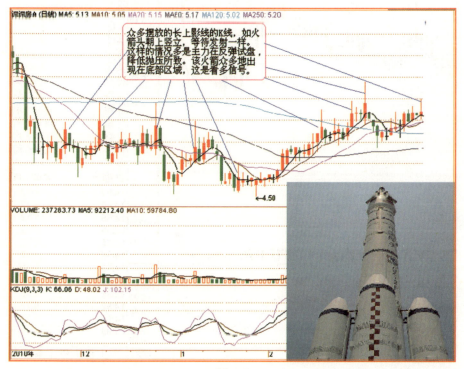

图 4-7

由图 4-7 可以看出该股应该是在筑底，这些带上影线的"火箭"应该是多次试盘操作留下的痕迹，试盘成功之后该股选择了突破底部。我们继续看突破之后的走势，见图 4-8：

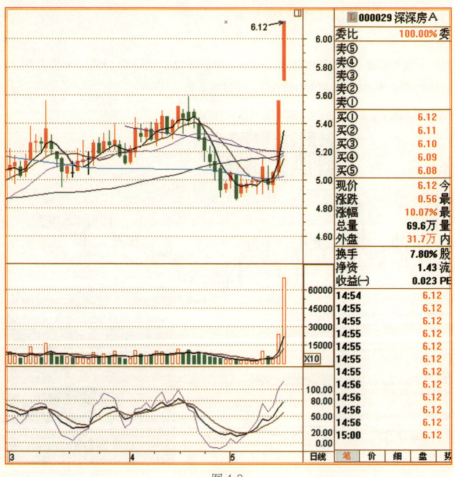

图 4-8

该股起飞后以涨停板的方式展开攻势，上涨凌厉，投资者在"火箭"试盘之后低点买入，耐心持有到突破拉升时已经赚很多正收益了，操作的主动权可以被很好地控制在手中。多头准备发射火箭K线这是很好的看多和做多信号。在市场实战中出现次数越多，就越能够说明该股是好股。

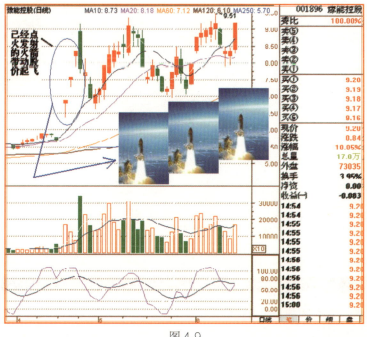

案例 2　豫能控股 001896

　　与案例 1 相反，该股是已经发射的火箭 K 线，预示着股票已经开始了加速拉升行情，已经不再是准备发射那种试盘状态，所以操作的时候可以大胆跟进。见图 4-9：

图 4-9

　　这样的火箭发射上涨方式说明主力拉升非常坚决，动作凌厉，走势异常漂亮，操作的时候可以在盘中开盘低点尽早介入，但是不要过分追高。当股价已经处于火箭发射的末端，一定要控制自己的贪婪欲望，有股的准备卖出，没股却想买股的要耐心等待回调再介入，因为这样的拉升方式是属于短线加速冲高的过程，冲高中主力已经在逐步出货，过分追高会被套住。

　　本章的两个案例，是说上涨过程中的多方火箭第一和第二种情况；另外市场实战时还有另外的下跌过程中的空方火箭第三和第四种情况。这里就不再展开介绍，大家要自己找到尽量全面的火箭 K 线形态，以使你的理财操作更加准确和客观，从而使得收益越来越好。

蓄势盘局
K 线

特殊 K 线里还有一种是特别有耐心的主力，为了达到他所想要的洗牌或吸货的目的而进行反复地蓄势盘整，从 K 线上看一段时间股价变化非常小，盘中留下不大的上下影线，K 线收盘价格处于一个小的价格变动区间。这样的情况不适合短线交易爱好者，适合稳健型长线投资者逢低介入，耐心持仓。

具有一定水平的证券投资者追求的是修养。

——股市格言

案例1　荣安地产 000517

为什么股票上涨就那么几天？庄家都在干吗？我告诉你，庄家每天都在忙，忙分析各种政策、政局，忙选股，忙盯盘。忙着买股，却不能叫你看出他在买进，所以买股用 95 天，拉升只用 3 天，另外 2 天是出货。如 000517 荣安地产。

对于该股的蓄势盘局，我总结了适合它的两句话"藏兵百万于水草滩前，只待腾空好一飞冲天"，这是对该股主力耐心蓄势的客观描述和一定意义上的赞美。见图 4-10：

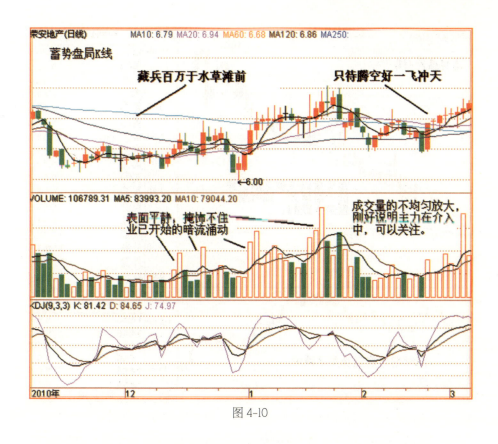

图 4-10

主力的这 4 个多月的蓄势盘局为的就是以后的爆发，我们看该股在随后的走势是非常漂亮的逆势拉升。该股成功地盘出底部后，趋势逐步走高，见图 4-11：

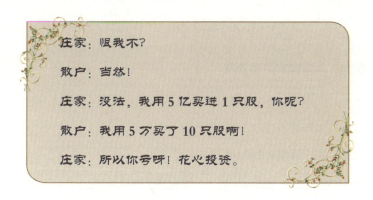

页面内对话内容：

庄家：恨我不？

散户：当然！

庄家：没法，我用 5 亿买进 1 只股，你呢？

散户：我用 5 万买了 10 只股啊！

庄家：所以你亏呀！花心投资。

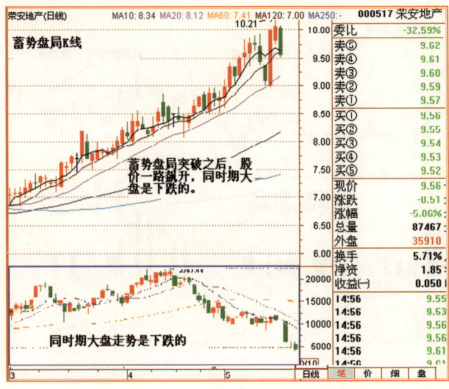

图 4-11

前期 4 个月的蓄势才换来了之后连续 3 个月的逆势拉高，这是会买和敢在蓄势时期介入的投资者应该得到的漂亮收益。当然也要拿得住才能赚得到足够的利润。操作这样的股不要着急，一定要有足够的持仓时间才能享受到突破和突破后的持续走高累计的巨大收益。

散户：上涨之前你都干啥？

庄家：买进呗！

散户：总买吗？

庄家：不，还要等待时机拉升。

散户：我天天忙着买，盼拉升，失望多，希望渺茫！

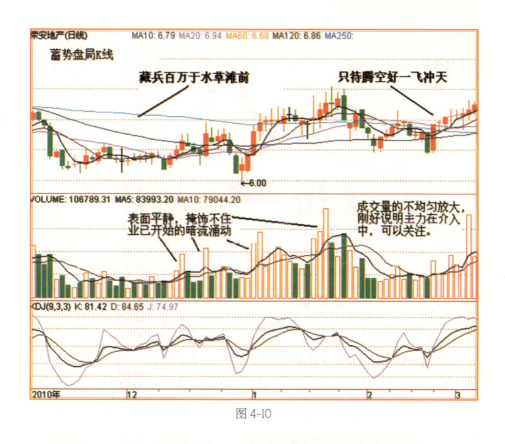

图 4-10

主力的这 4 个多月的蓄势盘局为的就是以后的爆发，我们看该股在随后的走势是非常漂亮的逆势拉升。该股成功地盘出底部后，趋势逐步走高，见图 4-11：

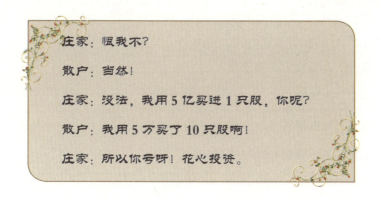

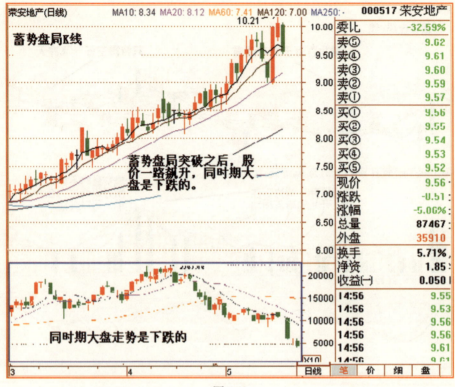

图 4-11

前期 4 个月的蓄势才换来了之后连续 3 个月的逆势拉高，这是会买和敢在蓄势时期介入的投资者应该得到的漂亮收益。当然也要拿得住才能赚得到足够的利润。操作这样的股不要着急，一定要有足够的持仓时间才能享受到突破和突破后的持续走高累计的巨大收益。

散户：上涨之前你都干啥？

庄家：买进呗！

散户：总买吗？

庄家：不，还要等待时机拉升。

散户：我天天忙着买，盼拉升，失望多，希望渺茫！

案例2　莱茵生物 002166

该股同样进行了一段时间的耐心的蓄势盘局，他们的耐心终于换来了漂亮的拉高，见图 4-12：

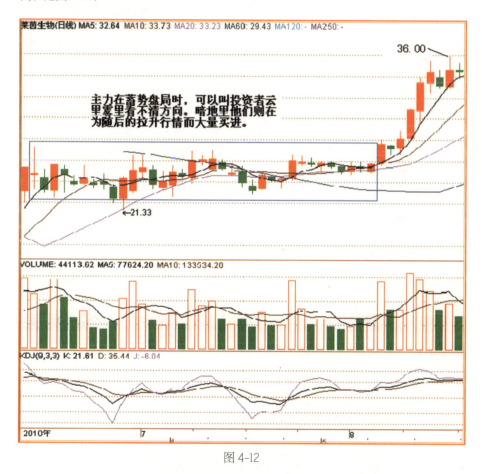

图 4-12

有耐心的主力一般会维持局面 3 个月之上不拉高，并且一直保持在股票价格的底部小范围震荡，进而完成对股民的洗盘。参与这类特别有耐心的股票需要自己也有足够的耐心和正确的策略，否则还是少用这一技术去买股票。该技术比较特殊，大部分主力是随着大盘起落的，很少这样维持着不涨不跌的独立盘局。

涨停板一线天
K 线

比较激进的主力喜欢开盘涨停板，连续拉升一段时间涨停板直到无法封住涨停板为止，给人的感觉是他们的大脑应该是比较简单的，除了拉升就是出货，而且拉升就是直接涨停板，出货就是放手只卖出不买入也不维持盘面局面，上涨的盘面很快会摔下来。主力就是利用人们喜欢追高的习惯完成股票几个涨停板拉高之后的出货任务。而且屡试不爽，出货的成功率比慢吞吞拉升再缓慢出货的手法更容易完成。这是很多散户喜欢犯的错，也是散户无法改正的追高大错。

投资大众的投资心理有一种倾向，即行情好时更加乐观，行情跌时更加悲观。

——股市格言

案例1　华阳科技 600532

该股是涨停板一线天K线的典型代表，主力非常彪悍，只是跟风操作的人大部分都会损失惨重。见图 4-13：

> 庄家：涨停，一线天涨停板爽不爽？
>
> 散户：不爽！
>
> 庄家：为什么呢？
>
> 散户：老子没有货。

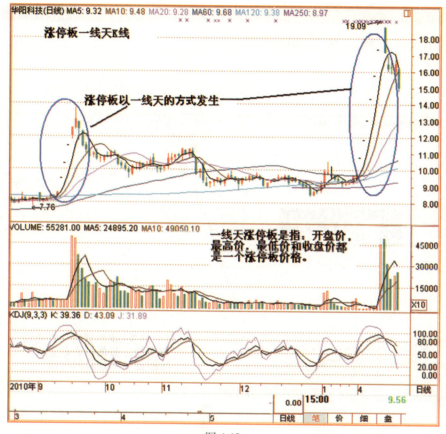

图 4-13

　　该股先后进行了两轮持续涨停板拉升，股价被快速拉高，出货也顺利完成。主力坐庄很成功。参与的时候，我们是无法在其突破后买进的，主力连续的涨停板我们只有观赏，而且这类股票观赏性强，操作性却极其糟糕，短线选股一样对此不看好。建议对此类股多看少动。

　　庄家：一线天涨停板打开你敢买不？

　　散户：敢！这么好的股！

　　庄家：好！套死你！

案例 2　双汇发展 000895

该股借助利好刺激，连续拉升一线天涨停板火线，非常强势。见图 4-14：

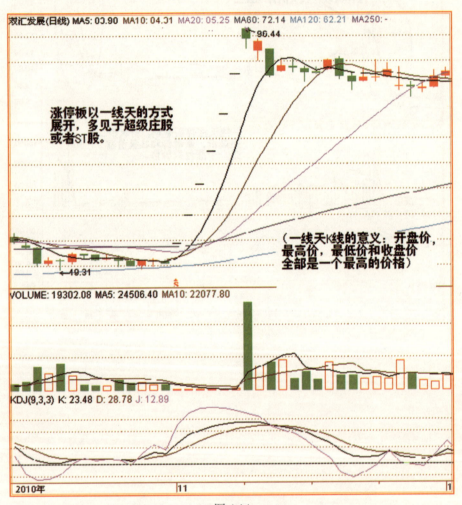

涨停板以一线天的方式
展开，多见于超级庄股
或者ST股。

（一线天K线的意义：开盘价，
最高价，最低价和收盘价
全部是一个最高的价格）

图 4-14

　　但是我们看到精彩的拉升之后随时就见到了跟风者被套的惨剧。几乎是所有追高买到的人都是即刻被套，而且是一路吃套不大反弹，这就是这类控盘自拉股的一般特征，很少有人可以在这类股上赚钱。即使有时候买到这样的股之后股价仍然会惯性上涨，那也是少数个股才能做到。而且短线由于拉升幅度已经过大很容易引发一系列技术回调，这类股票还是多看少动，不要盲目参与的好。

> 做股票者，必有一颗向佛的心！
>
> 包容、大度、平和！
>
> 常常在众人取时我先舍，
>
> 众人舍时我要取！
>
> 佛法无边，股海无涯，
>
> 我自向内求果，
>
> 而因则存于自律。
>
> ——大战神
>
> 2011 年 9 月 14 日深圳某次座谈会

难以揣测的顶部

出货 K 线

什么是股票顶部的标准？回答是没有统一的标准。每个顶部都是不同的，而且主力会根据坐庄计划和大盘局势变化随时调整战略，随时都可能终止上涨趋势而形成顶部。这些都是不可预测的。我们只有时刻保持在股市战场里的小心谨慎，冒着一定的风险去战斗，对待难以预测的顶部出货 K 线更是需要谨慎，同时需要确认顶之后顺势而做空。

在股票交易中，没有常胜将军。关键的问题是，有了失败的经历，要善于总结经验，才有可能成为成功的投资者。

——股市格言

案例 1　汉王科技 002362

该股曾经是 2010 年市场少数强势股之一，它的电子书概念曾经被无数投资大师想象得极其神奇，它的市场潜力和未来业绩曾经被很多专业机构预测得非常可观。然而 9 位高管几乎同时在股价顶部卖出股票，兑现了巨大的利润，这一消息是股价后期暴跌之后被 CCTV-13 频道报道过的。但是没人给普通投资者一个正面回答，我们看到的事实就是股票顶部在非常完美的一致看多中悄然出现了，下跌开始了，而且一路下跌，股价由高点 175 元天价跌到截至 2011 年 6 月 16 日最低的 18.62 元，惨烈！我们再回到该股形成顶部的时期，见图 4-15：

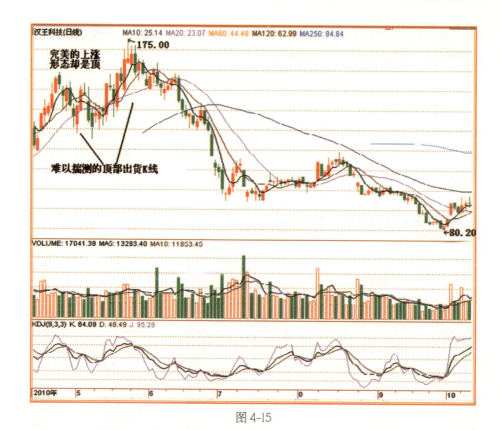

图 4-15

　　该股形成大顶的时期，股价保持着多方炮支撑上涨趋势，这是非常好的多头趋势，加上公司题材方面的报道，无数投资者几乎一致看多，没人会想到这时候就是顶部，这是难以预测的顶。我们如何面对这样的顶呢？笔者认为，只有设置好一定的止损线，才能有效回避这个问题，否则单纯技术 K 线是很难确认公司股价已经到顶。这是操盘纪律和操作技巧中止盈止损技术才能解决的问题，学习了本章节的读者以后遇到这类股票就严格按操作的止损纪律执行就可以了。

案例 2　黑猫股份 002068

　　该股突破盘局后，先是拉出一个涨停板，之后一路阳 K 线走高，参与其中的投资者看到的是该股的技术均线多头排列支撑股价上涨，同时阳 K 线不断，成交量配合持续有效放大。这些美好的迹象都预示着公司股价会继续走高，于是纷纷买入，耐心持仓待涨，不料却被主力全盘套住。见图 4-16：

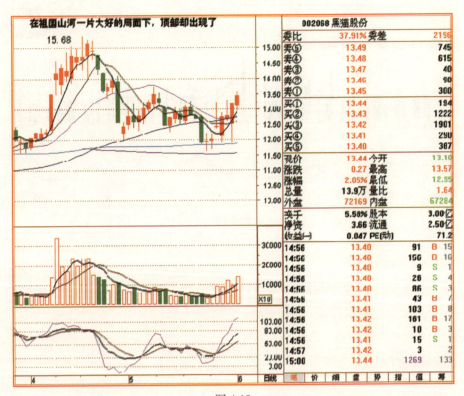

图 4-16

通过这一技术的案例分析，我们应该知道股票的顶没有一个必须很糟糕难看的标准，很多多头排列的K线形态却是股票的顶，任何时候的幻想都是会给投资带来危险的。我们应该严格设置止损线，到一定跌幅就卖出去，上涨再好的股也不要和大部分人一样去看多做多。要记住这市场里不是大部分人正确的，相反，是大部分人判断必然错误和操作必须亏损才能维持市场发展的，如果大家都赚钱那是不可能发生的。少数人的判断是对的，大部分人一定是错的，无论是判断上涨还是下跌，都是这个规律。所以操作股票必须有独立思维，切忌盲从的羊群心理。这是难以揣测的顶部出货K线，要想在股市里生存还有更多比此更难的判断需要面对，我们应该做的就是培养独立思维的意识，不追随任何一个老师，甚至是巴菲特那样的大师，都不是我们应该追随的。我们应该与他们的判断相反，才能获得市场最准确的操作方向。

定军山下有奇人，

而今落暮一孤坟。

忠义无主奈何用？

六出岐关泣鬼神！

——大战神

2009 年于汉中勉县

涨停板或跌停板
交替疯狂的 K 线

特殊牛的主力庄家可以做出特殊牛的 K 线，最最牛的当属涨停板或跌停板反复交替疯狂的 K 线了。这样的庄家脾气火暴，要么上涨就涨停板，要么下跌就是跌停板，很少以不痛不痒的方式运行。所以他们的主升浪和主跌浪都很容易确定，只是在操作时你就不一定能够那么容易踏准节奏了。没有足够的胆识就做不好这类庄家控盘的股。

喜欢做某种股票的人，不论怎样打转，最后还会回头选择该种股票。

——股市格言

案例 1　济南钢铁 600022

　　该股起飞之后就是连续涨停板，彻底展现山东股的活跃性，渗透着山东人随你吃喝跟进都不管的大气，敢买就给你涨停板利润，连续给你。除非你太贪心了股价已经到了很高很高你还去追，那就对不起了，赶上下跌了没办法，连续跌停板再送给你一些股市风险教训。总之这类股票就是叫参与其中的人好好玩波心跳。见图 4-17：

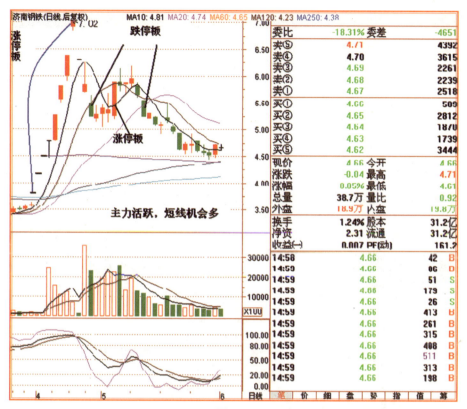

图 4-17

济南钢铁的这波拉升和下跌着实是股市高利润与高风险并存的典范。这类股票只是少数，大部分个股不会如此激进，但是它作为股市大家庭的一员也是确实存在的，我们都有必要好好学习和把握。参与的时候不是过分追高的情况下是可以大胆买入的，一般追高是顺势而做多，过分（涨幅超过 50% 后）追高则是错误的和不提倡的交易方式。而且这类股票一旦开始下跌就不要抱有幻想，早点果断出局是对的。

案例2　华帝股份　002035

　　该股的走势发展到加速期之后股价波动加大，上涨轻松的可以拉出涨停板K线，如果下跌，该股也是极端的直接跌停板。持仓者心惊肉跳，很容易被震出局，或者是坚持不到股票大涨就早已卖出了筹码，别说赚钱了，就是吓也吓死了很多普通的投资人。见图4-18：

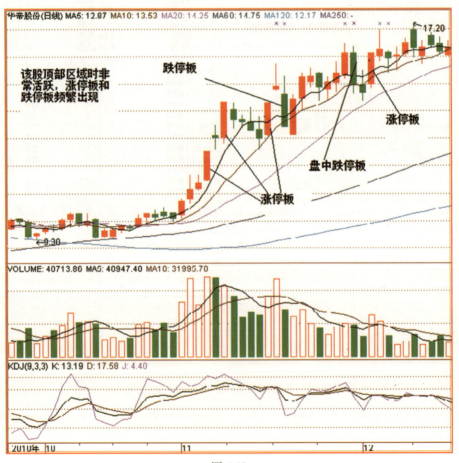

图 4-18

　　该案例涨停板与跌停板是在拉升过程中反复出现的，对于大部分股市的旁观者而言看到涨停板或跌停板交替疯狂的K线是很罕见的。我们学后要成熟地运用到股市实战中，准确地按大战神短线交易原则以及操盘铁的纪律作保证。我想最后每个投资者的收益，如果能把握住涨停板与跌停板变换的节奏的话，都会非常不错的。千万不要涨停板买入，跌停板被吓唬卖出，需要理智，之后再拉回涨停板时你才能获利。

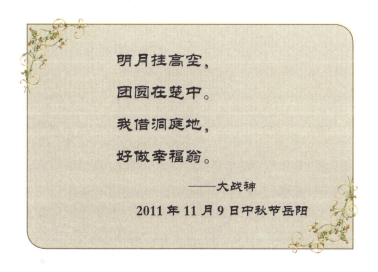

　　　　明月挂高空，

　　　　团圆在楚中。

　　　　我借洞庭地，

　　　　好做幸福翁。

　　　　　　　　——大战神

　　2011年11月9日中秋节岳阳

163

疯狂炒作的 ST 股
飙升 K 线

开始这章节主要内容之前我们先了解 ST 股的基本概念以便大家学习。

贪婪是危险的，它是一个失去控制的火车头。

——股市格言

ST 是英文 Special treatment 的缩写，词语意思是"特殊处理"。（前些年中国股票市场还有一种"特别转让"，PT 是英文 Particular Transfer 的简称。依据《公司法》和《证券法》规定，上市公司出现连续三年亏损等情况，其股票将暂停上市。沪深交易所从 1999 年 7 月 9 日起，对这类暂停上市的股票实施特别转让服务，并在其简称前冠以 PT，称之为 PT 股票。现在早已取消该类股票）。沪深证券交易所在 1998 年 4 月 22 日宣布，根据 1998 年实施的股票上市规则，将对财务状况或其他状况出现异常的上市公司的股票交易进行特别处理。

ST 股是指境内上市公司连续两年亏损，被进行特别处理的股票。*ST 股是指境内上市公司连续三年亏损的股票。符合哪些条件的上市公司才能成为 ST 股呢？大体是由财务状况和其他异常状况决定的。

（一）财务状况异常指：

1. 最近一个会计年度审计结果显示股东权益为负值；扣除非经常性损益后的净利润为负值；

2. 最近一个会计年度审计结果显示其股东权益低于注册资本，即每股净资产低于股票面值；

3. 注册会计师对最近一个会计年度的财务报告出具无法表示意见或否定意见的审计报告；

4.最近一个会计年度审计股东权益扣除注册会计师、有关部门不予确认部分低于注册资本；

5.最近一份经审计的财务报告对上年度利润进行调整，导致连续一个会计年度亏损；

6.经交易所或中国证监会认定为财务状况异常的。

（二）其他异常状况指：

1.由于自然灾害、重大事故等导致上市公司主要经营设施遭受损失，公司生产经营活动基本中止，在三个月以内不能恢复的；

2.公司涉及负有赔偿责任的诉讼或仲裁案件，按照法院或仲裁机构的法律文书，赔偿金额累计超过上市公司最近经审计的净资产值的 50% 的；

3.公司主要银行账号被冻结，影响上市公司正常经营活动的；

4.公司出现其他异常情况，董事会认为有必要对股票交易实行特别处理的；

5.人民法院受理公司破产案件，可能依法宣告上市公司破产的；

6.公司董事会无法正常召开会议并形成董事会决议的；

7.公司的主要债务人被法院宣告进入破产程序，而公司相应债权未能计提足额坏账准备，公司面临重大财务风险的；

8.中国证监会或交易所认定为状况异常的其他情形。

（三）ST 类股票交易应遵循下列规则：

1.股票报价日涨跌幅限制为 5%；

2.股票名称改为原股票名前加"ST"，例如"赛格三星被 ST 之后叫：ST 三星（000068）"；

3.上市公司的中期报告必须审计。

（四）ST 相关股票的主要区别：

1.ST——公司经营连续两年亏损，特别处理。

2.*ST——公司经营连续三年亏损，退市预警。

3.S*ST——公司经营连续三年亏损，退市预警，还没有完成股改。

4.SST——公司经营连续两年亏损，特别处理，还没有完成股改。

5.S——还没有完成股改。

（五）ST 股票摘帽所需的条件：

*ST 类股票想要摘掉 *ST 帽子必须全部符合如下条件：

1.并非连续两年年报亏损（包括对以前年报进行的追溯调整）；2.最近一个会计年度的股东权益为正值，即每股净资产为正值，新规定不再要求每股净资产必须超过 1 元；3.最新年报表明公司主营业务正常运营，扣除非经常性损益后的净利润为正值，因此不能只看每股收益数据，还要看扣除非经常性损益后的每股收益；4.最近一个会计年度的财务报告没有被会计师事务所出具无法表示意见或否定意见的审计报告；5.没有重大会计差错和虚假陈述，未在证监会责令整改期限内；6.没有重大事件导致公司生产经营受严重影响的情况、主要银行账号未被冻结、没有被解散或破产等交易所认定的情形。

若想一步到位摘掉 *ST 帽子，恢复 10% 的涨跌交易制度，在硬指标上必须是年报的每股收益、扣除非经常性损益后的每股收益以及每股净资产三项指标同时为正值，才有提出摘帽的资格，交易所有权根据各家公司的具体情况来决定是否批准。

我们了解了如上知识后对 ST 类股票的把握就更加清晰了。操作 ST 类股需要面临可能由于经营不善导致公司股票退市的巨大风险。但也由于该类股票存在被重组的巨大机会所以会精彩上演乌鸡变凤凰的奇迹，股价因此会迅猛上涨。

案例　ST 金泰 600385

该股是中国股市 21 年来短期涨幅最大的成功案例，股价由底部 1.81 元炒作到 26.58 元，涨幅高达 1368%，接近翻了 15 倍！尤其是 3.82 元加速拉升之后，便全部以涨停板的方式进行拉升，几乎无人可以在这一口气完成的 43 个涨停板过程中买进该股，该股主力锁仓非常好。见图 4-19 和 4-20：

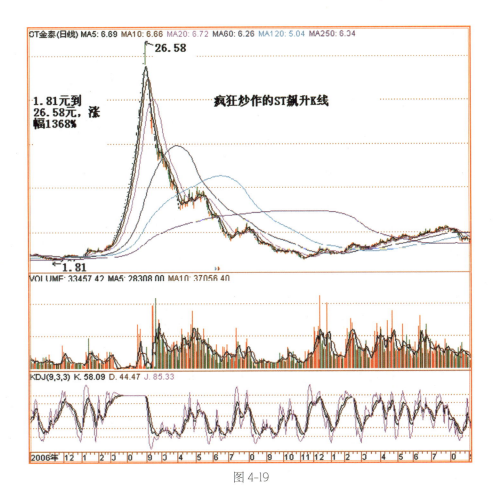

图 4-19

散户：庄哥，ST 股能跟不？

庄家：好的 ST 股是 A 股最具有价值的重组股，当然可跟！

散户：我每次买 ST 股，证券公司都来电话提醒！

庄家：那些人是不会在股市赚钱的，他们只会去赚交易费。

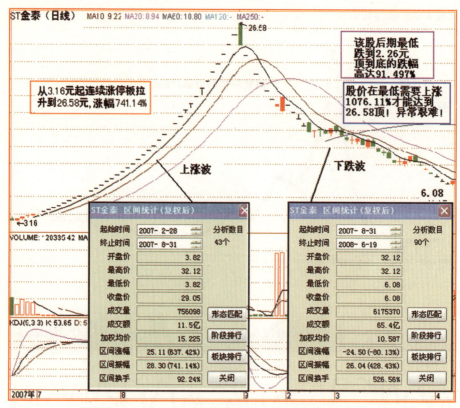

图 4-20

参与 ST 股的炒作的人必须承受住高风险：一是业绩继续亏损公司可能退市的风险；另外是主力庄家爆炒之后并不作为，他们撤退后股价一定会以自由落体方式下跌的风险。这两个风险不是一般人承受得了的，我们不要只盯着 ST 股存在的巨大利润，参与之前也必须问清楚自己是否承受得了这样疯狂炒作？承受得了就可以进一步研究，冷静参与其炒作。大战神建议读者参与这类股一定要深入挖掘公司的基本面，调查清楚参与公司重组的是什么类公司，实力如何，公司形象和信誉怎么样，还要结合股价在二级市场所处的位置是高位还是低位，绝对价格是高还是低，这些都必须有一个大体的认识。

鹏城飞洒绿丝帘，

家乡频传天变寒。

四目都现行人雨，

匆匆忙忙不平凡。

我辈正当太平年，

孩童逐狗遍街窜。

打拼几多挫折事，

人生忠孝尽完善。

万千基业滴滴起，

磨穿铁杆坎实干。

头发胡须皆白时，

回首今日莫遗憾！

——大战神

2011 年 10 月 12 日于深圳

挖坑做波段
K 线

武术里有具体的套路，套路里有各种小的组合拳。股票的操盘战斗中也是分为一个向上或者是向下的大趋势，同时每个趋势里分为若干个小的波段，波段里又可以分为挖坑波段或其他各种波段。这是一个没有统一格式却是非常科学的股票金融体系，是符合股票这个特殊事物在各种特殊时期的具体情况的。操作这样挖坑波段K线的时候需要把握好坑波段的波谷和波峰，不要把节奏踏反。

今天受损，还有明天。

——股市格言

案例　东华实业 600393

该股在一个明显上涨的趋势中进行了两次大幅度挖坑操作，挖坑的目的可理解为洗盘或吃货。无论怎么命名其结果都是叫投资者心惊胆寒，甚至由于恐慌而卖出筹码，或是根本不敢介入这类股票。见图4-21：

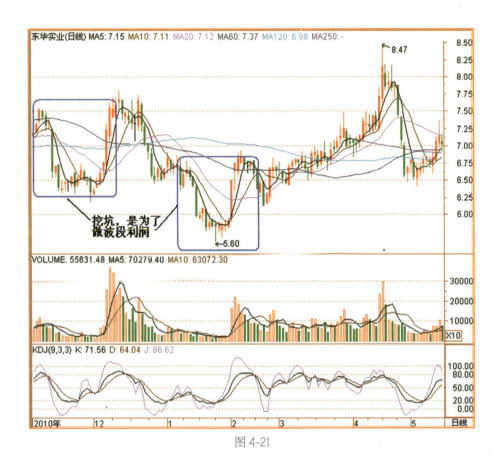

图 4-21

  我们操作该类股票的时候应该买在这个"坑"的底部快构筑完成的时候，也就是"波谷"，然后持仓到"波峰"的时候卖出。然后耐心等待下一个坑底，构筑底部波谷接近完成的时候再次买进去，持仓到股价拉到波峰时卖出。这就是有人愿意钓鱼，那我们就巧妙地吃掉鱼饵同时争取不被他钓到，这是波段操作的一个小小技巧。

持续上涨逼空

K线趋势

正常的K线趋势一般是阴阳不规律的组合在一个趋势中，有上涨就有下跌，涨跌互现。在本章节学习的是与常规情况不一样的特殊的一种K线，笔者叫做"持续上涨逼空的K线趋势"。顾名思义，该类股票是庄家连续而不是断续做多，在K线趋势中留下的是一系列上涨阳K线。单一的上涨阳K线充分彰显了操盘主力做多的决心和做多的实力，这个上涨过程大盘是一定有下跌的时候，但是该类股票仍然能够连续收红这是值得关注的短线好股，该类股票后市一定是有行情的，因为主力持续在介入。而且也可以说这类股票已经开始了行情，连续的上涨就是最好的结果。

心理趋向这个东西极为捉摸不定，有时无稽谣言竟煽起阵阵热潮，有时发行公司的踏实的作风反而给股市浇冷水。

——股市格言

案例1 成飞集成 002190

这只股票在2010年7～9月出现持续上涨逼空的K线超强走势，涨个不停，不停地涨，持续的阳K线上涨是其实力的象征，走出的K线图形是非常难得又异常完美的做多案例。见图4-22和图4-23：

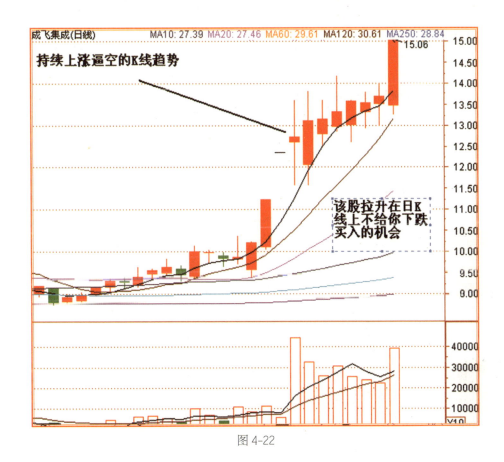

图 4-22

我们再看下该股整个上涨波段的拉升情况。见图 4-23：

庄家：我开始拉升，你可以买！

散户：又米骗我？都连涨几日了，想套我？！

庄家：信不信由你，反正我是信了！

散户：呀，真是一波行情呀！肠子悔青啦！

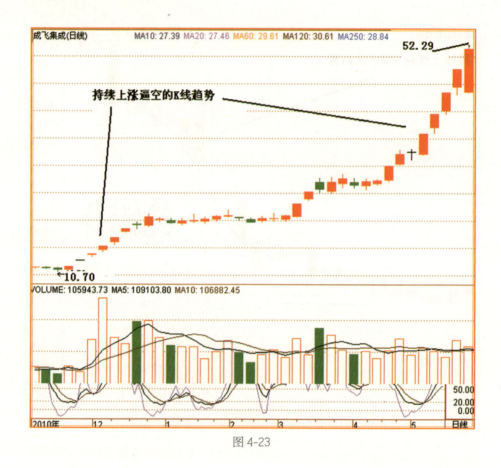

图 4-23

多么漂亮、完美的上涨 K 线! 这是一只只要敢买就可以赚钱的股票(前提是没到顶之前),非常难得的多头操纵胜果! 买入的技巧就是胆子要放开,要胆大,不要想着回调,超级强势股只做一波段,他们不喜欢洗盘,他们只喜欢拉升,只喜欢战斗,一直到战斗无力才可能结束自己的拉升战斗,彻底出货休息。跟着主力做多便是! 但是股价达到顶部之后,一定要尽早在反弹的时候出局。

案例2 太原刚玉 000795

该股在2010年也是走出了疯狂做多的K线趋势，见图4-24：

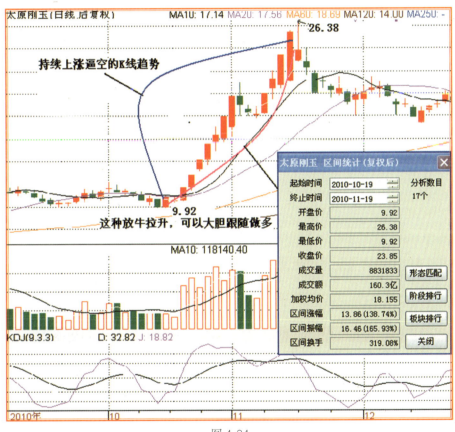

图 4-24

这类股票最擅长的是短线持续拉升，这期间已经吸引了足够的跟风眼球，筹码大部分已经卖给了追来的散户，他们自已却是玩了一次金蝉脱壳，留给大家的就是一个想象的壳资源，除此外再也没有当时被主力渲染的各种利好题材。所以参与该类股票需要顺着主力完全做多的多头势而做多，他们不做的时候我们也要撤退，切不可恋战。

疯狂洗盘
与加油 K 线

在股票的走势无法预测的时候，自己的心态一定是最为迷茫，这个迷茫的根源在于我们通过经验捕捉到的信息是混乱的，是疯狂的，这样的洗盘与加油 K 线是我们采集来的盘面信息。在实战分析中，根据这些比正常更疯狂的盘面信息我们可能会感受到分析和判断的难度。尤其是在持股的当时，不会像盘后看得这么清楚，每个漂亮的 K 线后面隐藏的可能是随时凶悍的下跌，跌得没有信心的时候，马上又可能会出现晴空霹雳般的大阳线或者涨停板方式上涨。这类股票不好把握，操作的时候记得控制好仓位，不要满仓进出。

靠自己的耳朵去听正确消息，靠自己的眼睛去看真实情况。

——股市格言

案例 特力 A 000025

该股见底 9.06 元之后开始了拉升，但是该股的庄家异常小气，不喜欢有人跟风操作，所以在其拉升过程进行了疯狂洗盘！被洗出的散户筹码主力却买进了，这样他们实际是在拉升时得到了廉价筹码，这等于完成了加油。庄家如此反复折腾几次，在 K 线形态上便留下了一系列很特殊的 K 线，见图 4-25：

我们在前面的章节也学了不少庄家是如何建仓，如何洗盘和如何拉高与出货的，结合一系列 K 线看盘的知识我们在学习本案例 K 线的特殊性时就容易理解了许多。当在实战中遇到了这样疯狂的 K 线情况后，自己一定要有一

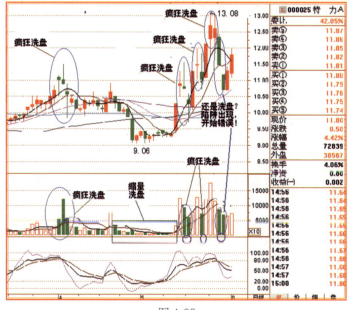

图 4-25

个清醒的头脑，冷静分析该股的机会与风险。买在阴线，卖在阳线，做好波段操作的各环节，累计小利润成大财富！

至此，本章就结束了。这章我们学习了 11 种特殊 K 线，这在无数的 K 线中只是代表一部分，大家学习的时候只可以把这些作为敲门砖。笔者给大家的也是抛砖引玉，只有通过你深入的学习和长期实战摸索才能认识越来越多的特殊 K 线，它们是结合常规 K 线一并存在的，市场每天开盘都有常规 K 线和不常规 K 线，如兵法里讲究"奇"和"正"是一样的道理。我们在股市战场也要进行非常规战和常规战两种不同的战斗。两者形态有所区别，制定操作策略时也是有所区别的，股票是一门投资的科学，需要用严谨的科学思维去分析和判断才能做对，才能最终赚到源源不断的钱财，这需要从你选择一本好书学习开始！高潮出现于你在这战场里成为战神的时候，但是永远没有尽头！学无止境！

认识了股票这个事物的共性后再认识了本章引导大家的股票的个性（特殊性），大家的思维才会逐步完整。笔者恭祝我的书友中多出些优秀的股市大战神！你们驰骋股海，你们如愿以偿，你们可以轻松应对股市里一切常规和不常规 K 线，而且一定是笑着的！祝福读者早日学有大成并且能替我完善股市里特殊 K 线的知识与操作技巧！

波段 + 空仓
——最高的 K 线境界

　　本章内容主要是选择几种比较常见的波段 K 线结合大战神给出的相应的操作策略进行讲解，大家需要认真地学习。然而要想成为真正的股票操作高手还必须以此为引，举一反三，长期实战，不断学习，认真总结，百败百战，永不气馁，坚持下去，才能成为股市的操作高手。这是需要时间和用心的！

波长逐步

。缩短 K 线

股票在波段方式上涨的过程中大部分会出现"一鼓作气，再而衰，三而竭"的逐步缩短 K 线，这是符合事物发展规律的，实战参与该类股票拉升的时候需要及早确定波段变化趋势，控制操作风险和节奏。

在市场萧条的时候，投资者战胜恐惧，用几元的价钱买进成长股，最后获得数倍、数十倍，甚至百倍收益，这个过程叫投资。而在狂热中，以几十元，甚至上百元价格买进透支股，这个过程只能叫搏傻。

——股市格言

学习了众多股市的 K 线知识，那么到操作的阶段最需要做什么呢？或者说怎样操作才能在这样一个注定亏多赚少的市场里成功赚钱呢？这就是本章节学习的炒股最高境界：波段 + 空仓。

在我全部理论著作和一切实战操作中，我都是奉行"波段 + 空仓"这样的理念，这也是我一直追求的一种股票投资投机境界。若说炒股的大道理很多人比我会说，可我追求的是一种实战的成功，不在乎这个人能否具有高学历，不在乎他能否说服我，不在乎他有多少头衔，这些都不重要的，对于操作的结果来说就是"盈"或者"亏"两个结果。我看的就是这个最终的结果。

如果想在投机气氛很浓厚、市场又不足够成熟的 A 股市场里长期生存，或者还想赚些辛苦钱的话，那就必须从实际情况出发。什么是实际情况？客观存在而不是主观臆断的情况就是实际情况。我们回忆下历史，苏联依靠城市包围农村取得了革命成功，这个模式开始也被中国革命所借用，但是由于中国工业基础薄弱，城市发展不够，所以这一模式彻底失败。后期毛泽东同志根据中国农村人口多，范围大的实际情况制定了与苏联相反的农村包围城市而不再是城市包围农村的正确方针策略。这样，革命最终取得了巨大成功，建立了新中国！

在中国 A 股市场里，也存在许多特有的问题，所以 A 股的投机气氛很浓厚，股票价格起落幅度都很大。这就决定了在 A 股市场不可以长期持股，也不可以一味地打短线，而应该有一套属于 A 股市场自身特点的求财投资之道，这就是大战神发明多年的"波段＋空仓"操作理念。这是符合 A 股多变和起伏涨跌都巨大的特点的，是可以成功运作到实战操盘中的合理方法。

本章内容主要是选择几种比较常见的波段 K 线结合大战神给出的相应的操作策略进行讲解，大家需要认真地学习。然而要想成为真正的股票操作高手还必须以此为引，举一反三，长期实战，不断学习，认真总结，百败百战，永不气馁，坚持下去，才能成为股市的操作高手。这是需要时间和用心的！

案例 新世纪 002280

该股首先进行了 A 波上涨，然后就进入下跌洗盘，股价洗盘到 15.01 元见底，之后进行了 B、C、D、E、F 共 5 波上涨，每个波段都是逐步缩短波长，上涨士气减弱。参与该股的时候应该控制波段短线介入，拉升一定幅度后卖出，下跌一段时间之后再次买回，然后再次拉升一波后再次卖出，如此反复循环，每次循环的波段买入和持有时间都要随着反弹力度的减弱而缩短，直至上涨士气衰竭之时彻底离开该股的炒作，赚足钱后空仓彻底休息，期间再选其他的合适的目标股操作。该股的整个炒作和参与炒作的操作过程如下，见图 5-1：

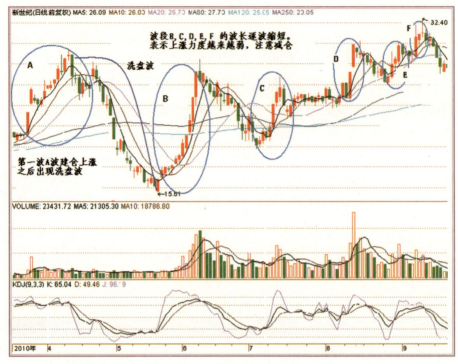

图 5-1

该股真正可波段参与的阶段是 B、C、D、E、F 波，最容易赚钱和做成功的是波长比较大的 B、C、D 波。操作的方法就是逐次逢低买入并持有，到有一定涨幅，注意控制"幅度越来越小，波段越来越小，持有时间越来越短"这些规律即可。操作的时候，切忌一直持仓，一定要注意进出的节奏控制，炒作的整个过程是有间歇性的，就是给出了休息时间，如果一直不休息，势必疲乏其兵，劳累其人，导致赚钱不多却付出很大的悲剧结局。只有遵循大战神的"波段＋空仓"的操作理念才能获得最大的投资收益，也才能最轻松地做好波段拉升的个股。

情系他乡弟兄情，

一句战句质不同。

饮酒赏月共中秋，

月饼思甜在华容。

难忘军营昨夜梦，

彻夜畅谈话中听。

不知时辰过午夜，

树影偏依两飞鸿。

我辈挑战知多少？

共勉勤奋乐苦中！

——大战神

2011 年 9 月中秋赠张宇保团政委

拉升波与反弹波
。K 线

股票的炒作是有一定规律的，这是技术派能够存在的根本原因。不去讲什么道氏理论和江恩等国际大师投资大道理，我们只在 A 股市场里也是可以找出很多股票炒作规律的。而上涨趋势大战神总结出了唯一的两个波段状态，即："拉升波"和"反弹波"，这都是可以赚钱的波段。拉升波，就是指股票处于拉升状态，目标就是上涨，属于主升浪。拉升波的拉升方式可以采用直线拉升和震荡拉升；反弹波就是拉升结束，股票价格进入顶部周期或者下跌周期后出现的与下跌方向相反的小幅度反弹波段，这个波段不如拉升波容易操作，其波长也不如拉升波长，操作好了是有利润的。但是由于主升浪已经宣告结束，大幅度拉升已经不可能，所以反弹波是具有操作的难度。

每当股价动向欠明朗时，往往也是投资者意见最多、最杂、最难一致的时候。

——股市格言

案例　迪康药业 600466

该股进行了凌厉的拉升，股价从 7.04 元平台快速拉升到 13.35 元，接近翻番。这是属于主升浪方式拉升的拉升波，可以大胆跟进操作。股价见顶 13.35 元之后就进入下跌周期，股票价格连续跌停板，当跌到一定幅度之后出现了反弹波，然后再次下跌，跌到一定位置后再次反弹，后面再次下跌，如此循环。反弹的力度越来越小，波长越来越短，操作的成功率越来越低，失败率却越来越高。该股的这个过程是拉升波与反弹波同时存在可操作性的，把握好节奏，操作是可以盈利的。我们具体看其 K 线走势图。见图 5-2：

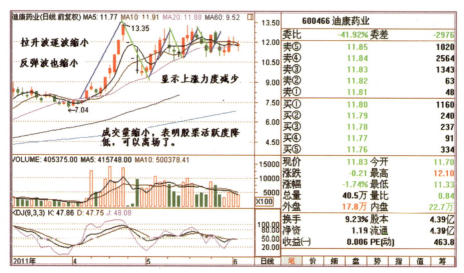

图 5-2

拉升波阶段，我们可以大胆跟进操作，持续买入并且持有股票就可以赚钱，见顶之后股价开始下跌，应该逢高减仓。当跌到一定程度具有反弹要求的时候可以减少一定的仓位再次操作买入，继续持有，但是需要控制幅度，不要奢望再出新高，应该在低于前期顶点的位置提前卖出股票，获利了结。后面的反弹波参与的仓位需要继续降低，参与的时间也要随之减少，这是符合反弹波规律的正确操作。该类股票，最主要的是把握好进出的时间和控制好持股的时间。切记理智第一，控制自己不要太贪婪，不要有创出新高发大财的幻想，股票都是有自己规律的，反弹波永远不会超过拉升波的波长和上涨幅度。

散户：图形太复杂，K 线乱七八糟，我看不懂！

庄家：想混好不？

散户：嗯！

庄家：买的时候投一下硬币，正面就买入！

散户：卖的时候扔到反面是吧？真有你的！

大箱体多个波段
°K线

波段炒作的股票是几乎占据股票种类100%的，也就是说所有的股票都是处于波段运作中，只是每个个股的波段方式不同，波段的力度不同。在进行操作训练的这本书中，笔者特别强调的是实战性训练，而不是呆板的理论训练。理论方面的训练大家只需去买一本大学的金融证券类基础知识教科书就可以了。大战神给读者的书是教你实战的，是叫读者认真阅读和思考之后能够拿出去当武器战斗的技术。这是一种实战的思维。所以每个章节给的都是不同的实战思路，却也都是完全一致的做对盘而不只是看对盘的核心思路。本小节，主要学习大箱体多个波段K线，这节表面看来好像是所有股票的波段形式都曾经出现过类似的波段K线，实际是有所区别的。本节的K线是处于大箱体并且是许多个波段共同组成的，而且波段的目的是大箱体整理而不是拉升或者下跌的主波段。在遇到这类波段的时候，一定要使用"短线波段＋适度空仓"的实战方法才能应对自如，取得多次成功，累计小成功而成为大成功，最终快乐而轻松地累积投资财富。

股市上的芸芸众生，竞相买低卖高，因而引起彷徨、迷惑、不安和焦急之情。

——股市格言

案例 莱美药业 300006

该股进行了一个长期的大箱体运作，期间发生了13个波段上涨和波段下跌交替运作。参与的时候奇数波买进并且持仓，偶数波卖出保持空仓，反复多次这样操作，可以累积巨大的获利，简单的运算就是把所有的奇数波（1、3、5、7、9、11、13波）加到一起，这就是理论上可以获利的波段，是很巨大的利润了。见图5-3：

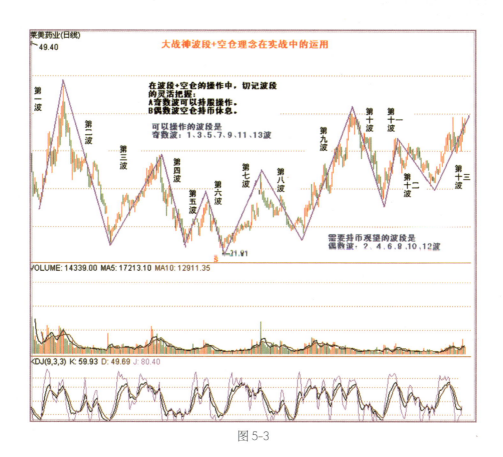

图 5-3

　　这是需要技术的完美发挥才能把握好的波段 K 线，没有一个确切的波段规律，整体看来这就是一个大的箱体整理波段，但是用心专一地操作该股还是有很大利润的。做股票最重要的是不要花心，这山望着那山高，换来换去，最后只会丢失好股，疲惫身心，劳而不获，甚至是损兵折将。股票其实没有好坏之分，只有做对做错之分。这些看起来不起眼的箱体波段 K 线，如果把握得当，获得的利润总和在一段时间（比如一个季度，或者一年）不比追逐那些拉升牛股获得的少，而承担的股市风险却要低很多。这是技术派应该学习和使用的波段进出技术，是新老股民都必须接受的操作现实。在实战中切不可只盯着疯狂拉升的黑马股，更多要做的应是如何集中精力做好每一只股票！

逐步走高

波段 K 线

　　本套书的上册前4章我们主要学习了主力庄家坐庄的4个过程，即建仓、洗盘、拉升、出货。事实上坐庄的核心的确如此，但是每个阶段并非如书面这般简单，每个波段都是由若干个小的波段组成的复杂的趋势。比如建仓波，主要方向是建仓，但是其过程也包括建仓吃货、盘中洗盘、打压出货、再次建仓等波段，但是它的这一大阶段是属于建仓，所有小的波段都是效力于这个建仓趋势的。同样的洗盘、拉升和出货波段也都包含若干个小的各种波段。科学的最大诱惑力就是它的复杂性耐人寻味，而付出劳动和智慧之后又总是有幸运儿得到科学的灵感答案，这就是科学的乐趣，如果那么容易得到答案的话我想科学也就无法吸引那么多人前仆后继地探索其中了。股票科学，更是如此。本章节我们主要学习的是逐步走高的波段 K 线，若干个小的波段共同完成这一复杂多变的走高 K 线趋势。操作的方法还是要"波段＋空仓"的短线方式进行。这是获得最大利益的最好方式，再复杂都要细心学习。下面结合案例开始技术训练。

没有哪个农民天天去翻自己种下的庄稼长了多少，股民应该比农民成熟。

——股市格言

案例　哈飞股份　600038

　　该股在一个大的上涨波段中，先后运行了4个主要波段（建仓—洗盘—拉高—出货），每个小的波段中又包括几个小的波段，这是我们需要耐心学习的关键。见图 5-4：

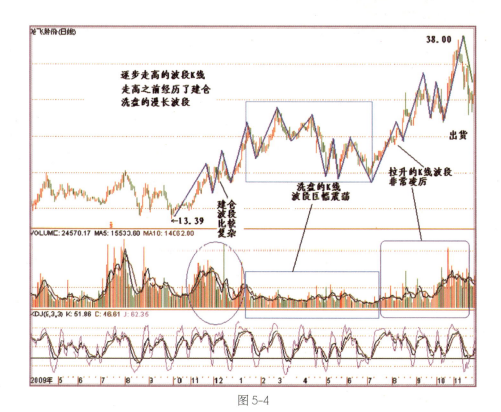

图 5-4

看该股的整体炒作图，我们可以看出主力是志存高远的，也是运筹帷幄之中，决胜千里之外的操盘高手。在每个波段都不忘记洗盘，洗盘到一定低点也总能逢低再次建仓，拉高之后适时出货，然后再次降低成本。如此反复操作若干个大小波段之后，股价已经由底部13.39元一路波段操作到38.00元，业已翻番，主力成功操纵了股价，也成功地摊低了自己持仓的成本，完成出货也是水到渠成，这就是很科学地运用了"波段＋空仓"的操盘最高境界。我们作为跟庄才能赚钱的Ａ股投资者，必须踏准节奏，在主力的波段低点随其买入股票，持仓到波段的卖出位要舍得卖出，然后空着资金不许再买入，等待主力再次企稳之时随其再次买回该股，专心做好这股的波段足够你一年的理想收入。

变化多端
的大波段 K 线

事物是变化的，事物是发展的，这是我们科学的唯物主义辩证法之道理。股市这个事物也是符合其中道理的。那么我们在研究股票和操作股票的时候需要注意的就是"变化"这两个字。任何操作都必须是随着股票趋势和波段的变化而变化，做到顺势而为，不可以刻舟求剑的态度对待变化多端的波段K线。股市的魅力在于此，操作者的成功也在于此，把握反了，亏损是自然的，甚至会破产。把握对了，顺着波段的低点买入，波段的高点卖出，这才是符合科学辩证法的操作。

中小投资者的唯一出路就是精选低估值，高成长的中小盘优质股，并顺应趋势做多。

——股市格言

案例　联环药业　600513

复杂的 K 线，呈现的是变化多端的大波段 K 线，形态错综复杂。要长期沉淀知识才可能看懂一些道道。如本案例：联环药业 600513。

该股借助其医药题材和最近几年经常出现的各种疫情而发动过多次行情。其股票的走势也是偶尔浅浮于水，偶尔一飞冲天，变幻莫测的波段 K 线是主力淋漓尽致的技术发挥之表现。见图 5-5：

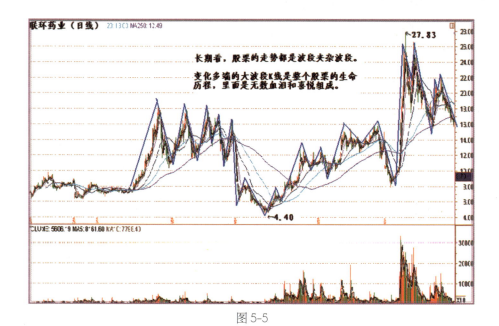

图 5-5

这个大波段上涨的 K 线夹杂着变化多端的小 K 线，操作的时候一定要在波段的底部敢于买入，顶部卖出，记住一点 "没有只涨不跌的股票，也没有只跌不涨的股票"，这是亘古不变的真理。操作者始终要保持谨慎，始终要以饱满的热情投入到每个波段操作中，最后的方向一定是符合主力操作的大波段方向的，盯紧点，做准些，赚得才多。

散户：庄呀，套干我的血了！

庄家：你太瘦！

散户：死之前告诉我咋看 K 线吧！

庄家：嗯，阴阳，你只在阳间是不能明白的，等跌死几次，去了
      几次阴间，就明白这些带血的 K 线啦！

不规则波段

｡ K 线

这节的内容其实看起来和本章的前几个小节有相同之处，虽然都强调了波段的变化性和不规则性，实际是和前几节有所区别的：这节更加强调波段的特点，也就是不规则波段 K 线的主要特征与应对的方法。这点我们结合案例来具体学习。

每当股价急剧下挫，很多投资者亏损时，一个新的获利机会就到来了。

——股市格言

案例1　宁夏恒力（现为：新日恒力）600165

市场中有规律吗？

有，是事后看见的。没有，是盘中在发生的。规律是对未来的预测，而不该停留在对过去的感慨中！

下面是该股的一段 K 线图，是任意选的一段图，整体看起来是无法找到其波段 K 线的特别规律的，但是该股波段还是非常明显存在。该股的这段时期是以不规则的波段存在的，这期间提供了波段操作的机会，提供了低买和高卖的机会，提供了波段空仓的机会。投资者操作好的话还是有很大利润可求的。见图5-6：

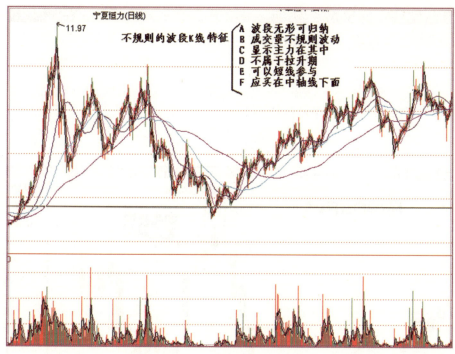

图 5-6

　　在这些不规则的波段 K 线中如何取得投资的利润呢？需要进行长期观察，对该股的运行轨迹有一定的了解，顺着该股起落的波段进行波段买进和波段卖出，以及波段空仓。做好了才是正确的操作，只有投资者不懈地努力盯盘，持着多看少动的操作原则，以波段为核心，跟好该公司的财务和生产经营分析，这才能做好该股。在无形中做有形，这难道不是最后的境界吗？是的，这就是大战神的操盘最高境界：波段 + 空仓。这是非常适合任何不规则 K 线的股票的好方法，记住这方法中必有空仓的时期，如果一年 365 天天天是满仓，那就不要学习大战神的操盘技巧了，我的所有方法都不会适合你。我是核心做短线波段的投资风格，不喜欢也不会去参与大级别的下跌调整，调整是股票必然有的走势，而我们采用的是空仓休息以应对调整，要学着叫资金去休息，不要天天想着赚钱，否则我的方法都是不适合你的。

案例 2 万业企业 600641

该股在 10.62 元到 8 元的价格区间，走势是非常不规则的 K 线走势，在此给读者分享下这期间的市场性质和我们应该有的操作策略。这是短线交易者必须学的知识。见图 5-7：

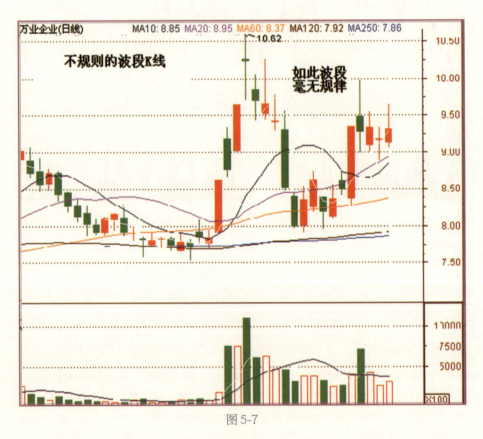

图 5-7

该股拉升之后，股价开始进入下跌波，下跌波是以抵抗性阳 K 线开始，大阴线加速和阳线止跌企稳的方式来完成的，之后又进行了反弹、出货、洗盘等，很难在盘中具体的某一天去准确地确定该股当日是在做什么。蹊跷的走势是主力狡猾内心世界的展现，我们跟踪操作的时候需谨慎再谨慎，把握好不规则 K 线的目的是拉升还是出货，也自然就可以决定是跟随做多还是空仓看跌，这是要以不规则 K 线走势来确定的。操作策略的基础在于 K 线当时的走势情况。需要注意的就是保持冷静，心中别乱套！

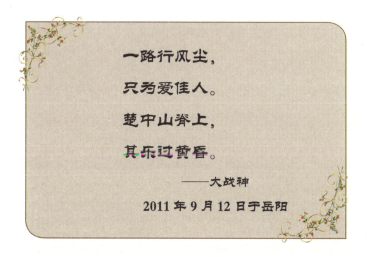

一路行风尘，

只为爱佳人。

楚中山脊上，

其乐过黄昏。

——大战神

2011 年 9 月 12 日于岳阳

单一走向
波段 K 线

单一走向的波段 K 线, 是共性中的个性, 当然这是在某个固定时期才能够成立的个性, 这个时期可以是一个月, 一个季度, 甚至是半年, 不可能是永远保持这单一的走向。我们本章节研究的就是这一时期可以保持住的单一 K 线该如何把握。

培根说: 人的思考取决于动机, 语言取决于学问和知识, 而他们的行动则多半取决于习惯。马基雅维利也说: 人的性格和承诺都靠不住, 靠得住的只有习惯。股市讲究的是长期制胜, 要做到这点, 就是控制情绪不被大盘左右, 培养冷静思考, 理性投资的好习惯。

——股市格言

案例1　ST 金泰

该案例是保持单一上涨的波段 K 线 + 见顶后单一下跌的波段 K 线共同组成。操作的方法很简单, 就是在单一上涨的趋势中全力买入, 买入后持有到涨不动时卖出, 下跌单一波段 K 线开始之后, 我们就跟随卖出, 只是卖出, 不计成本地卖出, 就是这两个方向, 操作的时候切记不可以中途随意改变策略。见图 5-8:

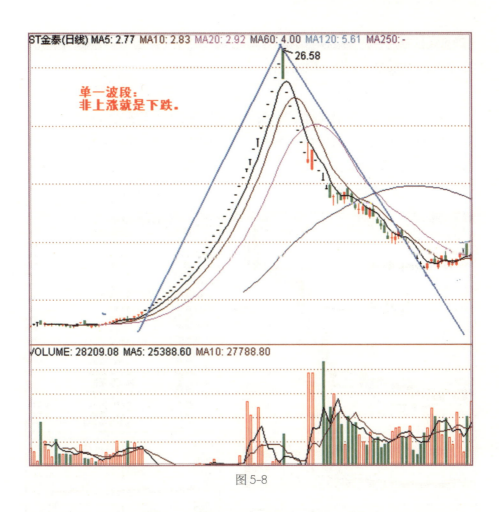

图 5-8

　　庄家在单一做多过程中，是异常坚决的。如果你已经持有这样的好股票那是运气，不要总想着卖出去，做低吸高抛，这样的股你卖出去就不会再有合适的价格买回来的，除非到顶后暴跌开始你可以买回来。那是错误的操作，该赚的赚不多，不该买时再错误买入，导致被套死。我们提倡的方法就是：上涨时跟着买，下跌时候单一地跟着卖出。如此单一，如此简单地顺应着趋势操作！

案例2　海立股份 *600619*

该股也是单一上涨的好股票。投资者发现这样的好股，需要它一段时间持续上涨才能确定，不可以简单地判断其就是单一的上涨波段 K 线。否则容易产生错误的判断，从而将股票的偶尔反弹错误地看成是单一的主升浪行情，买了之后不涨反跌，那就得不偿失了。见图 5-9：

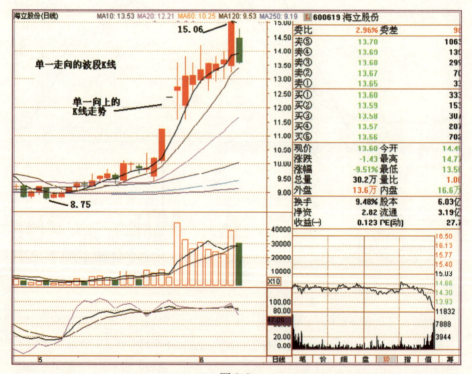

图 5-9

投资者操作这样的股先要准确地跟踪，然后做出正确的判断，判断其到底是单一波段还是其他波段的个别单一过程。确定准确是单一上涨 K 线之后就可以无条件地买入，持有该股，一直到单一趋势被反方向趋势结束为止，不到彻底结束这一上涨趋势都可继续持仓该股。把钱赚到最后，卖出股票应该在下午收盘前 10 分钟决定，不要在上午可能出现低开之时就错误地卖出股票，往往好股是低开高走的，上午的下跌刚好是买入机会，下午就拉起来收盘上涨了，这是买入点的技巧，更是操作策略的技巧，一定要跟随市场的趋势做好单一趋势的多或空。

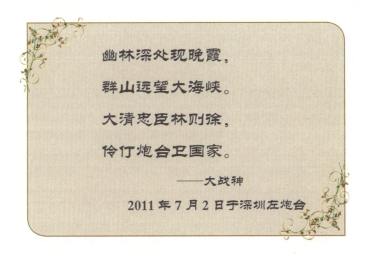

幽林深处现晚霞，

群山远望大海峡。

大清忠臣林则徐，

伶仃炮台卫国家。

——大战神

2011 年 7 月 2 日于深圳左炮台

牛市或熊市中波段
反向运行K线

事物的发展方向是既定的，但是既定的方向中一样会出现小规模的反方向发展，这是事物发展必然经历的过程。正所谓"前途是光明的，道路是曲折的"，我们不可以在"曲折"的时候就心灰意冷，不可以这时候忘记了"光明的前途"，否则必然会做出错误的判断和决定。比如中国的革命事业，在推翻"三座大山"的革命中不是也出现过顽固势力的反扑和短期的得逞吗？最后革命还是胜利了。还有万恶的封建社会被革命推翻之后不是又出现过辫子军的反攻和袁世凯的称帝吗？难道看到这些革命的前辈们就灰心，就放弃革命的理想而接受这些反扑的封建皇帝吗？没有，革命继续向前，反扑最后不过是革命事业中的小小插曲。

我们的股票操作中也经常会出现牛市中有大幅度暴跌，熊市中有大规模反弹，但是这些暴跌后会继续上涨，反弹后也会继续暴跌，这都是事物发展的规律。我们操作股票的时候一定要有全面、综合的思维，不可以静止地看待问题，不可以被眼前的挫折击倒，更不可以被熊市中短暂的反弹迷惑而忘记控制风险，否则都会带来操作的损失，乃至失败！

对买感到安心时应该卖，对卖感到安心时应该买。

——股市格言

案例 2007 年牛市中的"5·30"暴跌

在我所知道的中国股市开市以来的 21 年历史中，上涨幅度和力度最大的就是 2007 年上证指数攻击 6124 点这波牛市行情。然而就是在这样的大牛市中一样出现了 2007 年 5 月 30 日的"5·30"暴跌。

事情是这样的，中国证监会在 5 月 29 日半夜（可能是牛市加班吧，所以不是正常的工作时间）突然公布一个击倒市场多头的消息："印花税将提高到千分之三，而且是双向收取。"这印花税是股票交易必须面对的税收，突然提高到千分之三，而且是双向收取，这对市场造成了空前绝后的毁灭性打击。大盘近乎跌停板，99% 的个股跌停板，之后很多股票是连跌 5 个跌停板，持仓的投资者在一周内损失过半的比比皆是，一时间什么"半夜鸡叫"，什么"5·30 惨案"，"5·30 大屠杀"之类的负面消息漫天飞，市场疯狂的做多信心被彻底毁灭，无数投资者在 5 个跌停板之后割肉出局，无数个投资者离开了绝望的股市再也不想踏足于此。就是在这样的情况下，市场逐步企稳，从"5·30"时期的上证指数 3404 点一路飙升到 6124 点，那时在上证指数 3400 多点绝望离场的投资者损失的是多年难遇的一次大牛市，他们是错误的，他们是失败的。

这就是牛市中发生的波段的反向运行 K 线，本该一路上涨的牛市，却发生了相反的暴跌，这个短暂的反方向运作是成功的，是后期大盘能够冲高到 6124 点必须发生的一次反方向波段。同时在 6124 点下跌的过程中，也不是一次跌到 1664 点的，一路上也是发生过反方向的上涨反弹行情，那些错误地在下跌趋势中反方向赌上涨反弹的人最后都付出了更加悲惨的下跌代价。这都是不可取的。见图 5-10：

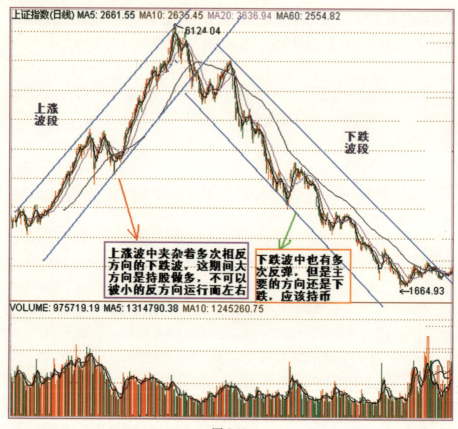

上证指数(日线) MA5: 2661.55 MA10: 2635.45 MA20: 2636.94 MA60: 2554.82

6124.04

上涨波段

下跌波段

上涨波中夹杂着多次相反方向的下跌波，这期间大方向是持股做多，不可以被小的反方向运行面左右

下跌波中也有多次反弹，但是主要的方向还是下跌，应该持币

←1664.93

VOLUME: 975719.19 MA5: 1314790.38 MA10: 1245260.75

图 5-10

这在股市中是时常发生的反方向波段，一轮牛市不是所有人都可以赚钱的，亏损的人更多。在熊市中也不是所有人都亏损的，把握好反弹，做完反弹就出局继续空仓的投资者就是赚钱的。操作股票是一项最为复杂的过程，真假难辨，涨跌难测，跌中有涨，涨中有跌，我们需要理智的判断，也要长期实战的经验，更需要的是顺势而为做好波段。在没有行情，在下跌趋势中，都必须保持空仓。空仓也是一种操作，是对内心的战胜，是对自己贪婪想赚钱欲望的最好打击，是需要我们每个投资者必须学习的宝贵经验。我们遇到一个趋势的反向运作时，能够做到冷静分析，在不改变大趋势方向的态度下，适度回避牛市中的暴跌洗盘，准确把握住熊市中难得的反弹行情，这才是应该做的，才是我们每个投资者必须训练的素质。长期实战，不断总结，才能

有此盘感，才能看到此盘面的变化假象而继续保持正确的大方向判断和大趋势预测，这是难能可贵的素质，是成功高手必备的知识。

到这里，本书最后一章结束了。给每个读者留下的是一种科学的声音，是一系列严谨的顺势而为方为高手的思路。大家要发挥好人的主观能动性，科学地去分析市场，做好每次可以操作的拉升波和反弹波，回避市场的下跌波，做到"波段 + 空仓"——大战神最成功、最符合中国股市特点的科学操盘理念和操作方法。做到了你才能长期成功游刃于股海，才能在这取之不尽用之不竭的财富海洋攫取你可以拿得走的大量财富，这是你个人智慧发挥准确之后应该得到的部分，是市场馈赠给喜欢学习的谦虚的投资者的最好的礼物。

每个用心的读者，必将成功。

粽子和包子去海里洗澡。包子跳水时粽子刚脱掉外衣，包子回头便问："咦！糯米肠，你怎么在这里呀，粽子怎么一转眼就不见了？"

股海中，又有多少个粽子，转身就变成糯米肠，然后在它需要的时候又能转身再变回粽子！而股海中有太多大包子、小包子、肉包子、素包子、叉烧包子、奶黄包子、三鲜包子、糖包子等包子永远看不懂！

——大战神

2011 年 11 月 16 日

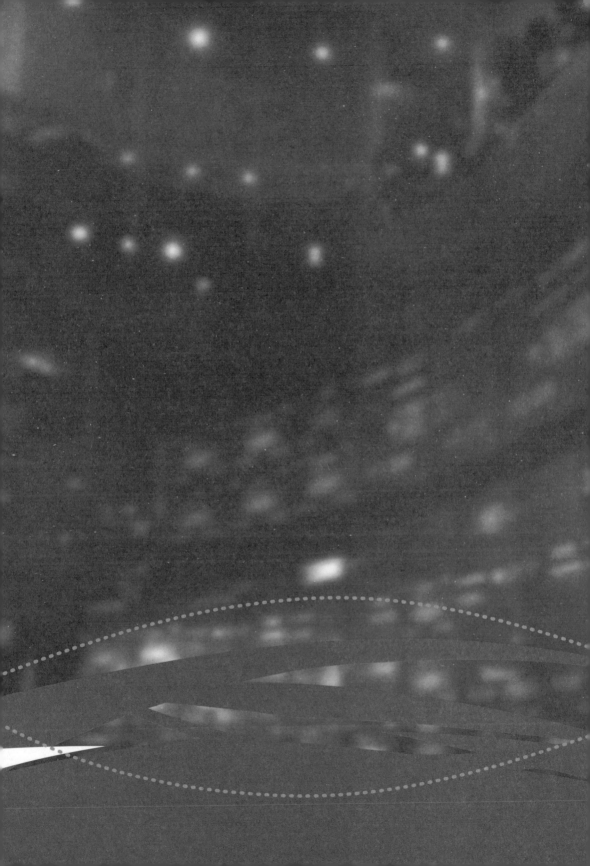

第六章

大战神 K 线实战经典案例

　　我是实战派，不是理论派。我的书与其他很多人的不同，主要原因就是我的作品是我的经验和教训，是来自于实践，而不是闭门造车，不是完全靠文字功底在写作。而且我出版书籍的目的不是为获利，而是为了普助众生，是为了慈善事业，是把自己会的东西毫不保留地贡献给全国喜欢股票投资的朋友们！

600792 云煤能源，收益翻倍全记录

这场战斗发生在 2011 年 11 月至 2012 年 3 月，市场经历了一次大的 V 形下跌和上涨过程。亏损的人众多，赚钱的人很少。战斗是异常精彩的！

选股

美债危机来了，欧债危机也来了，危机 2011 年！当危机来的时候我们应该首先想到的是"危"，也就是有没有及时的止盈止损，这是系统性风险来后首先应该做的保护住资金安全；然后就应想到"机"，因为"危机"二字本身就说明了危险来了的同时机会也悄然而至！符合哲学辩证法。

于是我抓紧选股。我的选股标准一定是要选 K 线长期走好的个股，于是发现了 600792 云煤能源。我们看下该股的年 K 线图，如右图

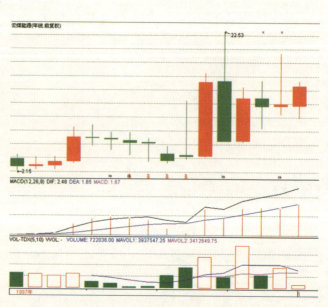

长期走好的年K线，说明该股有长期成长性支撑，可以重点跟踪一段时间。

我们继续看该股的季度线，也是符合长期走好、强于大盘的形态，如下图：

于是，这个股跑不了了，我要好好把握住。

年底时外围市场利空不断，中国内部的煤炭价格不断下跌，也形成了利空。常言道"在一扇门关上的同时会有另一扇门打开！"而往往只有能够提早发现机会的人才能立于不败之地！当面对危机时只有报怨是没用的，更重要的是看到事物的另一面！真正看透事物的本质才能解决真正的问题！于是，我计划买入该股。

买股

买入过程是非常复杂的,我采取了不断买入的方法,多次在大阴线收盘之前买进。我整理了部分交割单作为我下跌周期逐步建仓操作的证明。

首先是试探性买入,这是建仓的开始,不要使用太多资金。至于多少,这是根据你总体资金决定的,不是绝对的数字,而是相对的数字。比如你有 1 万元,那你就买 1000 千元的;你有 500 万,就可以买 5 万 - 10 万元。目标就是在这个低点先买进一些。其他的,留作现金备用。

证券代码 ▽	证券名称	买卖标志	委托价格	委托数量	成交价格	成交数量
600792	云煤能源	买入	16.530	48700	0.000	0
600792	云煤能源	撤买	16.530	48700	0.000	0
600792	云煤能源	买入	16.920	11900	16.907	11900
600792	云煤能源	买入	16.560	36500	0.000	0
600792	云煤能源	撤买	16.560	36500	0.000	0
600792	云煤能源	买入	16.950	7100	16.943	7100
600792	云煤能源	买入	16.990	7100	16.982	7100
600792	云煤能源	买入	17.000	10700	16.999	10700
600792	云煤能源	买入	17.020	10700	17.013	10700

买入后,该股继续下跌,所以我考虑的是在低点继续买。所以在后面的几个价格都进行了买入。这里就不全部列出来了,只对几个比较有代表性的交割单进行讲解。

其他几路资金,陆续高点出局,不管盈亏,反弹到我说的 25%-35% 的幅度就出了。然后转移到未来龙头股去,这叫"潜伏"。按照我这个方法,我陆续减持其他股票,集中兵力打歼灭战,继续买入 600792。继续买,不要去想账户的盈亏。这是下跌建仓的 K 线,不是主力离场出货的 K 线。所以继续买进。

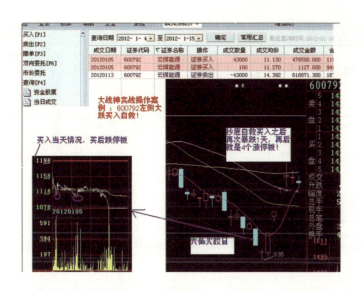

买入后，该股继续下跌，这个出乎意料，也不出乎意料。只要是有希望的好股，我会继续买入的。于是，急速调集资金，计息低买。最后钱不多了买进的数量也少了，但是做法是按照我"跌买"的原则做的，就很欣慰。

20120105	600792	云煤能源	11.250	3000.0000	证券买入	-33780.00	212694.55	A347512258
20120105	600792	云煤能源	11.100	3700.0000	证券买入	-41106.56	171587.99	A347512258
20120105	600792	云煤能源	10.780	3100.0000	证券买入	-33447.83	138140.16	A347512258
20120106	600792	云煤能源	10.504	3200.0000	证券买入	-33642.09	104498.07	A347512258
20120106	600792	云煤能源	10.060	1000.0000	证券买入	-10069.05	94429.02	A347512258
20120106	600792	云煤能源	10.400	2000.0000	证券买入	-20818.64	73610.38	A347512258

这样，我完成了全部的买入过程（具体的价格和交割单有些没有展示出来，这是考虑到账户的安全问题，但是不影响我下跌不断买入的正确思路了）。大家整体看下这个买入的过程，见下图：

　　买入后一路下跌，心情大部分人是不好的，但我们是开心的。我们不是傻子，只是我知道下跌是为了明天的大幅度上涨。在下跌的过程中，我坚持买入，不断买入，大跌大买，而且在阴线买，不断建仓。这个建仓计划完成了，剩下的就是好好持仓了。

持仓

　　可以说，这样的下跌，会非常打击大部分人的信心，一般人也会半路割肉走人，亏损离场。可我这里是不支持盲目割肉的，不是系统性风险就不应该去割肉。你有多少肉呢？天天割肉，还有自己吗？为什么不用时间换空间？ 市场没问题的，问题一定是你个人。

　　600792 我 16 元多开始买入，一路下跌到 10 元，又瞬间跌破了 10 元，这时候的心情可想而知。但是我没去管它，安心地准备个人早已经计划好的婚事了（人生的大事更加重要）。

　　不过该股很好，在我最后 1 次指挥部队买入后终于在 9.95 元止跌企稳！

　　这个妖怪股呀，19.39 元一路下跌到 9.95 元，跌幅高达 48.68%！建仓过程是带血的！大部分人进来又被干掉，不断地在进场、亏损、割肉，再进场、再亏损、再割肉……

终于，我们熬到了上涨，这一上涨就是飞速的，是爆发式的，而且上涨的日子非常好，是我结婚的大喜日子，而且这个大贺礼一次给了4个涨停板！非常漂亮！

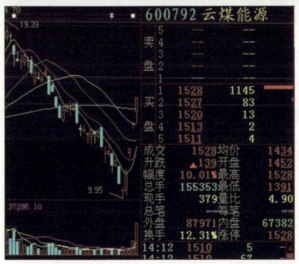

四个涨停板为我贺喜！

之后该股继续走高，最高已经达到18.08元！

这个持仓过程,真的是喜怒哀乐,一杯酒!

这也彻底锻炼了我,彻底考验了我12年职业操盘的经验和心态!结果我没有输,我是正确地坚持了!这个过程,一辈子难以忘记!如同2010年春季我做了8个连续涨停板的600209罗顿发展(现为*ST罗顿)一样,刻骨铭心。这是人生最为精彩的两场大战斗!

卖出

我在博客里说过,卖出好的股票是需要一种"舍得"的精神,更需要"慈悲"的心态。把筹码卖给那些疯狂进来追涨的人们吧,这是在施舍慈悲,做好事。别人在大幅度拉高之后非常想得到这些股票,那就给他们吧,不要舍不得。这就是我的卖出原因。一种超乎技术的大技术。一种对K线形态的淋漓尽致的发挥,或者说是超乎境界的发挥!精彩卖出,完全有实战交割单供您学习实战:

我是实战派，不是理论派。我的书与其他很多人的不同，主要原因就是我的作品是我的经验和教训，是来自于实践，而不是闭门造车，不是完全靠文字功底在写作。而且我出版书籍的目的不是为获利，而是为了普助众生，是为了慈善事业，是把自己会的东西毫不保留地贡献给全国喜欢股票投资的朋友们！这是一种超脱，是多年来股市教会我的，我借花献佛，把股市里得到的东西送给别人，也是一个"授人玫瑰手有余香"的过程。我很乐意将这些知识送给大家！

600792的实战操作，是源自我对K线各种位置的成熟把握，这个是基础，而方法和策略则是辅助。大家看这部作品最大的好处，就是可以认识这个市场的K线，底部、顶部、洗盘、拉升、出货、震荡、换庄等等，都是需要认识和熟悉的，之后才是自由发挥的过程。

循序渐进地努力吧！

卖出的过程，我在博客里曾这样写道：

(2012-01-12 14:01:23)

简单说几句话：

★ 事实证明我的大跌买入是对的。大盘和个股都快速拉起，低买的可赚。

★ 我连续推荐的600792云煤能源，已连续4个以上涨停板，非常赚钱，前期挨骂，现在事实证明是我对了。

★ 任何不在大跌买股的，都无法在上涨之后再买到合适的 600792。是事实不？

★ 春节前给读者 30% 的反弹，已经超过，我没吹。

★ 谣言止于智者。骂我的人，自动无语。

★ 看人，要自己分析。不要轻信他人胡语，大战神，是先做人，再做事，行业有风险，做人却很好，技术也是公开优秀的。无数事实可以证明之。

★ 红包给了，大家好好发财！春节愉快。

★ 我送大家 600792 如此好股，惊动了主力，他们使用手段攻击我，这是为洗盘。"庄家不希望散户强大，不希望散户学习技术，这是可以理解的。发贴污蔑、攻击服务器等下三烂的招数，也是庄家常用的伎俩。"他们攻击我，你们不要信，要分析谁是好人。

【这个股，我引起了主力的注意，他们采取了很多伎俩攻击我，我都坚持住了。事实上我证明了一个普通的投资人是可以在股市里获利的！主力再大，他们还是会在我坚强的意志面前认输！这点，你也可以做得到！】

最后，大家可以顺便学习我博客中在 2011 年 10 月到 2012 年 3 月对市场的提前分析和预测，这些都是有日期的，今日当做案例学习。不是广告，更不需要吹嘘，事实就是事实，大家要看到自己具有这个潜力，认真学习，你一定可以超越自我！达到一定的高度！

同时期的大盘情况，是从大跌到反弹上涨。大跌的时候大部分人是非常看空的，非常绝望的。上涨之后他们没有马上反省，而是犹豫、观望，我们已经开始赚钱了，上涨到顶部了，他们再次胆大起来，开始觉得牛市到了。哎，他们怎么可能不亏损呢？这期间我们已经在减仓了，博客里的文章都是有日期的，可以对照去学习。我们是提前于市场在做工作、做准备，大跌我们才买进，完全与大部分人相反，所以我们赚钱是天经地义的！

大战神战法精粹

大战神在众多粉丝中的印象

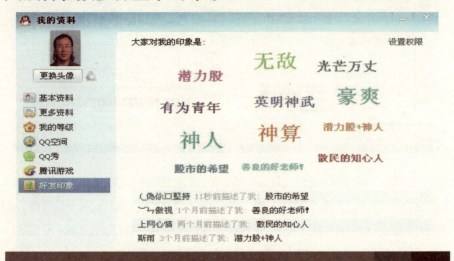

大战神塔式训练法

树立 1 种投资理念

掌握 10 种有效的投资方法

熟练 100 幅 K 线形态图形特征

强记 1000 幅开盘分时图并懂其寓意

进行 10000 次无论对错和你我的实战总结

将记忆 100000 轮的思考和重组以便实战使用之

心中想着 1000000 元的财富梦想并不断给自己加油和强大的信心

大战神专业操盘交易系统

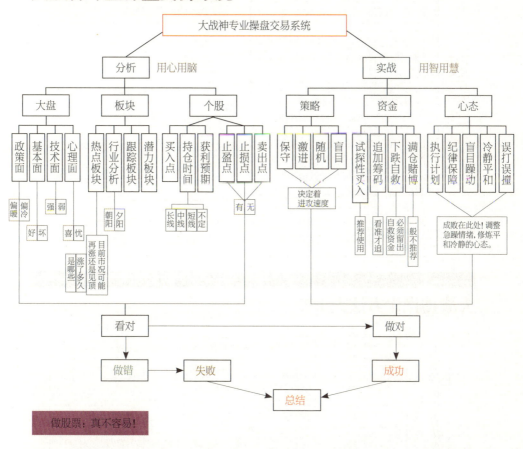

做股票：真不容易！

股票——解字

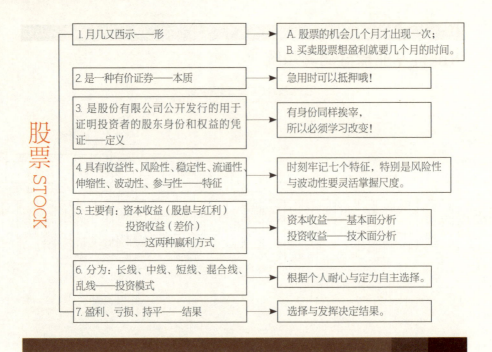

股票 STOCK

1. 月几又西示——形	A. 股票的机会几个月才出现一次; B. 买卖股票想盈利就要几个月的时间。
2. 是一种有价证券——本质	急用时可以抵押哦!
3. 是股份有限公司公开发行的用于证明投资者的股东身份和权益的凭证——定义	有身份同样挨宰, 所以必须学习改变!
4. 具有收益性、风险性、稳定性、流通性、伸缩性、波动性、参与性——特征	时刻牢记七个特征,特别是风险性与波动性要灵活掌握尺度。

5. 主要有:资本收益(股息与红利)
   投资收益(差价)
   ——这两种赢利方式
	资本收益——基本面分析
	投资收益——技术面分析

6. 分为:长线、中线、短线、混合线、乱线——投资模式	根据个人耐心与定力自主选择。
7. 盈利、亏损、持平——结果	选择与发挥决定结果。

大战神操作方法大 PK

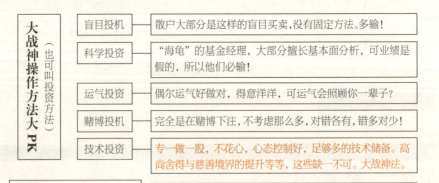

大战神操作方法大 PK (也可叫投资方法)

盲目投机	散户大部分是这样的盲目买卖,没有固定方法。多输!
科学投资	"海龟"的基金经理,大部分擅长基本面分析,可业绩是假的,所以他们必输!
运气投资	偶尔运气好做对,得意洋洋,可运气会照顾你一辈子?
赌博投机	完全是在赌博下注,不考虑那么多,对错各有,错多对少!
技术投资	专一做一股,不花心,心态控制好,足够多的技术储备。高尚舍得与慈善境界的提升等等,这些缺一不可。大战神法。

大战神的"技术投资方法"专一做一股,不花心,心态控制好,足够多的技术储备,高尚舍得与慈善境界的提升等等,这些缺一不可。
大战神法

我教授大家的,不是散户的盲目投机,也不完全算科学投资,而是技术投资。我的方法背后包涵的还有专一,不花心,心态控制。足够多的技术储备,境界的提升等等,这些缺一不可。盲目投机就是随便乱做,是不可取的赌博方法。科学投资就是海归派做的那种方法,分析基本面为主,最后被假业绩欺负得年年亏损。此外市场里还有人是靠运气操作,而运气能够一直照顾你吗?所以,大战神认为:众多的方法,还是学点实用的好。

操盘手是如何打造成功的

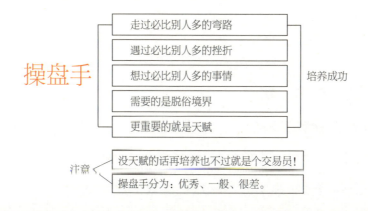

操盘手

- 走过必比别人多的弯路
- 遇过必比别人多的挫折
- 想过必比别人多的事情
- 需要的是脱俗境界
- 更重要的就是天赋

培养成功

注意
- 没天赋的话再培养也不过就是个交易员！
- 操盘手分为：优秀、一般、很差。

大战神综述散户炒股路线图

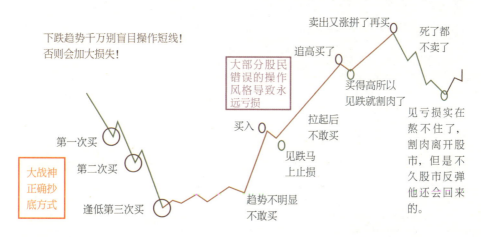

下跌趋势千万别盲目操作短线！
否则会加大损失！

大部分股民错误的操作风格导致永远亏损

卖出又涨拼了再买

死了都不卖了

追高买了

买得高所以见跌就割肉了

买入

拉起后不敢买

见亏损实在熬不住了，割肉离开股市，但是不久股市反弹他还会回来的。

第一次买

第二次买

见跌马上止损

大战神正确抄底方式

逢低第三次买

趋势不明显不敢买

理论分析：
逢低买入，跌后加倍买入，可以轻松面对市场下跌，做趋势的主人！而不会自我坏心态，导致全输。

随便止损是多么容易亏损，也容易卖丢好股。

大部分人小聪明，见跌就跑，可是结果呢？大部分是亏损的吧？股市1年赚几波就可以了。

219

大盘，起落，起落。

股票，炒作，炒作。

热闹过后才知道自己在其中盈亏多少，

总结时才发现没有几个板块轮回我们能够把握！

那么怎么办？

只有一条路：

努力学习，战胜贪婪恐惧的自我！

做一个强者！

本作品作为经典收藏版，我奉送个人求佛照片一幅。保佑每个有缘的朋友投资顺利！

尾声

学到功夫也不要去挑战庄家的忍耐极限

上帝创造了股市，股市的魅力在人心中不断地被挖掘，每个战胜了自己的人都可以在市场中获得成功！

大战神与你同在！

大战神的"波段＋空仓"思维与每个投资者同在！

知道我的，不知道我的，看过我的，没看过我的，接受我的，反对我的，不知道我却可以与我有着共同成功思路的朋友们，你们都是我志同道合的朋友！我们守候在自己的战场，运筹帷幄，打好每一场决战，努力做着股市大战神应该做的事情。因为我们有美好的梦想，我们来股市并不只是为了抵制不断抬高的通货膨胀，我们也不只是为了在股市里赚到多少钱，我们想做的和在做的就是在股市里战胜自我，训练自我，成就自我！这是作为一个有思想的人最想做的事情。祝福大家好运！

读者们认识了很多种主力庄家操纵股市的方式，学习过本书全部的Ｋ线知识与技巧，交流着我多年的股市操作思路，升华了你投资的大智慧，这都是好的发展！然而我必须负责任地告诉大家一句掏心窝的话：

学到功夫也不要去挑战庄家的忍耐极限！青年要有素求，中年要懂淡定，老年方能感厚重！股市人生，人生股市！

2012年4月19日

成于深圳